Lieber H

Zu deinem
60. Geburtstag
wünschen Dir
alles erdenklich Gute,
Gesundheit und
Zufriedenheit

Veith Friedel u.
Wiesner Claus mit
Familien

PAUL MÜNCH · DIE PÄLZISCH WELTGESCHICHT

PAUL MÜNCH

Die Pälzisch Weltgeschicht

Mit Zeichnungen des Verfassers

PFÄLZISCHE VERLAGSANSTALT · LANDAU/PFALZ

141.–145. Tausend 1991

Gesamtherstellung: Pfälzische Verlagsanstalt GmbH, Landau/Pfalz
Titelgestaltung: Werner Korb, Neustadt/Weinstraße
ISBN 3-87629-055-4

Brief an Paul Münch ins „Pälzisch Eck im Himmel“

Als Dir der Tod die heiter gestimmte Leier aus dem Arm genommen hat und Deine Landsleute erfuhren, daß Du aus dem „Pälzer Schlaraffenland“ ins „Pälzisch Eck im Himmel“ umgestiegen bist, da ist doch so etwas ähnliches wie eine leise Trauer über sie gekommen. Sie hatten ja auch allen Grund, traurig zu sein, denn sie hatten mehr verloren, als einen guten Nachbarn oder einen lustigen Landsmann. Sie hatten einen Herzbruder verloren, bei dem man nicht so recht wußte, ob die Betonung auf „Herz“ oder auf „Bruder“ zu legen war. Laß mich auf all die Dinge ein bissel näher eingehen, und wenn ich dabei an der oder jener Stelle mit breiter Feder schreibe, so nimm mir das nicht übel. Denn ich glaube, daß manches ausführlicher gesagt werden muß.

In der gesamtdeutschen Dialektliteratur hat die pfälzische Mundartdichtung einen gesicherten Platz, und als Mittelstück bevorzugter mundartlicher Literatur-Denkmäler steht Dein Buch „Die Pälzisch Weltgeschicht“. Es steht wie ein Wegweiser am heimatliterarischen schrankenlosen Übergang: Der eine Arm zeigt in die Vergangenheit, der andere in unsere Gegenwart. Mit Deiner „Weltgeschicht“ hat die pfälzische Mundartdichtung einen vorläufigen Höhepunkt erreicht. Ich darf das mit ruhigem Gewissen sagen, denn sowohl der literarische Wert als auch der äußere Erfolg des Buches belegen dieses Urteil.

Zunächst noch ein paar Worte über den äußeren Erfolg und seine Ursache. Als im dritten Jahr des Ersten Weltkrieges das Lachen aus den Mündern der Menschen verschwand und der sonst so helle Schein auf ihren Gesichtern wie ein ausgebranntes Hindenburglicht verlöschte, da drücktest Du Deinen Landsleuten die froh gereimte und mit allen Wassern des Pfälzer Humors gewaschene „Weltgeschicht“ in die Hände, und zwar das 25. Tausend. Diejenigen, die sie noch nicht kannten, merkten es jetzt: Da hat der Zeichenlehrer Paul Münch keine literarische Stall-Laterne zum Qualmen gebracht — wie es manch einer vor ihm getan hatte —, sondern er hat eine dicke Kerze angezündet, die in die verdüsterten Herzkammern aufmunternd hineinleuchtete.

Das fidele Buch war in aller Mund. Nicht nur in Deiner Heimat wurde die kuriose „Weltgeschicht“ gelehrt, sondern auch außerhalb der provinziellen Grenzen. Darum waren Zehntausende von Exemplaren rasch vergriffen. 1969 wurde das 100., 1974 das 105., 1976 das 110., 1978 das 115. und 1982 das 125. Tausend

aufgelegt. Nun geht wieder eine neue Auflage zu den Lesern. Das ist ein erstaunlicher Erfolg für ein Mundartbuch.
Du siehst, Deine Landsleute haben Dich nicht im Stich gelassen. Sie haben sich gut gemerkt, daß bei Dir die Weltgeschichte „in Wirklichkeet“ ihren Anfang in der Pfalz hat und viele bedeutsamen Dinge sich auf pfälzischem Boden abgespielt haben. Schon das Paradies hat sich nicht „am Euphrat hinne bei de Derke“ sinnig ausgebreitet, sondern in der Pfalz, dem „Meeschterstick“ des gutgelaunten Herrgotts. Aus pfälzischem Geblüt hast Du folgerichtig auch Noah kommen lassen, „weil er so schlau war un gescheit, grad wie die Pälzer Leit noch heit!“ Es hätte auch keine babylonische Sprachverwirrung gegeben und beim Turmbau von Babel wäre nicht gestreikt worden, wenn die Baumeister und ihre „Speisbuben“ sich damals mit der „uralt pälzisch Mensche-Urschprungsschbrooch“ untereinander verständigt hätten. Auch daß das „Volk der Cimbern un Teutonen tat einstens in der Rheinpfalz wohnen“, das ist nach Deiner „Weltgeschicht“ eine nicht zu leugnende Tatsache; und Tatsache ist auch, daß der römische Feldherr Varus und seine Legionen hauptsächlich an der Schlagkraft der Pfälzer gescheitert sind. Das gleiche Schicksal haben die frechen Hunnen an „ehre dicke Ranze“ erfahren müssen, als sie es wagten, von der Mannheimer Seite her den Rhein im „Hundstrapp“ zu durchqueren, um die Pfalz zu annektieren.

Lieber Paul Münch, ich habe irgendwo mal gelesen, Du wärst ein Witzbold gewesen; das sei als Dein besonderes Kennzeichen angesehen worden. Über eine solche Personenbeschreibung kann man nur den Kopf schütteln. Du warst bei Gott kein Witzbold, kein Spaßmacher um des Spaßes willen. Du hast nichts anderes getan, als die Forderung des Martin Luther erfüllt und „dem Volk aufs Maul geschaut“, wie das auch Dein namensgleicher Dr. Ottheinz Münch beobachtet hat, und dieser Forderung hast Du nach den allgemeinen Gesetzen der Poetik dichterische Gültigkeit verliehen. Das haben vor Dir nicht viele und nach Dir — bis jetzt — nur wenige getan. Auch in Deiner „Weltgeschicht“ hast Du den alten Satz wahrhaftig aufgezeigt, daß es sich in der Pfälzer Volkssprache ebenso gut „dichten“ läßt wie in anderen Volkssprachen auch. Es kommt halt immer noch darauf an, *wer* mit der Mundart umgeht!

Der dichterische Wert Deines Schaffens liegt sowohl in Deinen ironisch übermütig-, als auch in Deinen ernstgereimten Versen. Und wenn man die „Pälzisch Weltgeschicht“ noch vom Formalen her untersucht, dann kommt man zwangsläufig zu dem Urteil, daß man es mit einem „Wurf“ im Bereich der pfälzischen Mundartdichtung zu tun hat. An ihm können wir erkennen, daß Mundartdichtung eine Kunst ist wie jede andere auch, keineswegs geringer.

Deine „Pälzisch Weltgeschicht" ist seit nunmehr 65 Jahren ein Hausbuch vieler Familien, das nicht verjähren wird. Das hätte ich eigentlich gar nicht hierhin zu schreiben brauchen, denn Du hast ja das Lebehoch, das man ihm von Anfang an entgegenbrachte, noch vier Jahrzehnte lang erleben dürfen. Die oft gestellte Frage, warum Deine Landsleute die „Weltgeschicht" zu einem ihrer bevorzugten Hausbücher gemacht haben, ist nicht schwer zu erklären: Weil sie sich selber darin finden und entdecken, mit all ihren kleinen Schwächen und mit all ihren großen Stärken. Deine Mühe, die Historie einmal so und nicht anders zu schreiben, für uns zu schreiben, ist also nicht umsonst gewesen.

Lieber Paul Münch, Du wirst jetzt denken, in Deinem Himmelseck dort oben: Der gute Mann da unten hat sich ein bissel lang mit meiner „Weltgeschicht" befaßt. Von Dir aus gesehen, kannst Du womöglich recht haben, aber ich bitte Dich, laß mir mein Recht auch. Ich habe mich so ausführlich mit dem Buch beschäftigt, weil es eben, nach meiner Meinung, Dein bestes ist und für alle Deine anderen „herhalten" muß: Für Deine Volksstücke beispielsweise „Die Weltachs", „Pfälzers Höllen- und Himmelfahrt" und „Pfälzer im Schlaraffenland", die heute noch da und dort über die Bühnenbretter gehen (oder doch gehen sollten); und auch für Deine „poetischen Jugendsünden", die Du unter dem Titel „Mei' Herzerweiterung" (ohne sie aber bereuen zu müssen) gebeichtet hast — für sie muß die „Weltgeschicht" halt auch herhalten.

Jetzt nur noch ein paar Sätze, Paul Münch, höre aber gut hin: Deine Landsleute haben Dich nicht vergessen, und sie werden Dich auch nicht vergessen! Damit ihnen das leichter fällt, darum hat die Pfälzische Verlagsanstalt für sie Dein Buch in neuer Auflage herausgebracht. Sie hat ihm ein anderes, wie mir scheint: freundlicheres Format gegeben und einen Dir und Deiner „Weltgeschicht" gemäßeren Schutzumschlag umgehängt, damit die Leute auch gleich wissen, mit wem und mit was sie es zu tun haben werden. Gezeichnet hat ihn Hans Moster, ein Kollege von Dir; als Motiv haben sich ihm Deine geschichtstreuen Zeilen angeboten: „Schun seit der Herr die Welt gebaut, is uns die Weltachs anvertraut ... Mer schmeere se un dun se öle un butzen se als glitzeglatt mit Glaspapier un Butzpumad ... Mei Weltachs schnerrt, 's is grad e Spaß, als wie e Triller uf de Gaß!"

Oskar Bischoff †

Zum 100. Tausend

Im Geleitwort zur Erstausgabe der »Pälzisch Weltgeschicht« im Juni 1909 meinte Professor Oskar Steinel (1854–1932): »Der stürmische Beifall, den der Verfasser beim Vortrag fand und der auch andere Vortragende lohnte, die sich einzelne Stücke vor der Veröffentlichung vom Dichter erbeten hatten, die zwerchfellerschütternde Wirkung, die Schülervorträge bei Maifesten und Schlußfeiern an verschiedenen Orten hatten, haben die Nachfrage im Buchhandel schon vor der Drucklegung wachgerufen, so daß man um das Schicksal des schmucken Büchleins, das sich auch zu Geschenkzwecken wie nicht leicht ein zweites eignet, kaum besorgt sein darf.« Und wirklich mußte noch im gleichen Jahr eine 2. und 3. Auflage erscheinen. Dennoch würde damals wohl kaum jemand anzunehmen gewagt haben, daß jetzt nach noch nicht ganz sechzig Jahren bereits das 100. Tausend gedruckt werden müßte! Die »Pälzisch Weltgeschicht« ist damit zum erfolgreichsten pfälzischen Verlagswerk, zu einem wahren pfälzischen Volksbuch geworden.

Paul Münch wurde am 10. Dezember 1879 als Sohn eines Pfarrers in Ruchheim geboren. Seine Kindheit verbrachte er in Kusel, die Gymnasiastenzeit in Germersheim und Landau. Um die Jahrhundertwende, von 1898 bis 1902, studierte er an der Kunstgewerbeschule und der Technischen Hochschule in München, wo er die Prüfung für das Höhere Lehramt ablegte. Über die Realschulen in Marktbreit und Weierhof bei Marnheim führte ihn sein Weg im September 1907 nach Kaiserslautern. Dreiundvierzig Jahre lang war er hier an der Oberrealschule, am Gymnasium und an der Lehrerbildungsanstalt tätig. Am 2. Januar 1951 ist Paul Münch im Hetzelstift in Neustadt an der Weinstraße gestorben. Auf dem Kaiserslauterer Waldfriedhof wurde er am 5. Januar in einem Ehrengrab der Stadt beigesetzt.

Schon als Gymnasiast hat er sein Dichtertalent entdeckt und sich durch die »Reimereien des alten Grünrocks aus der Pfalz« seines Onkels Carl Eduard Ney (1841–1915) und vor allem durch die »Gedichte in Hunsrücker Mundart« von Peter Joseph Rottmann (1799–1881) anregen lassen, die er schon in früher Jugend kennenlernte. Dem Dreißigjährigen gelang schließlich das Werk, das ihn bei seinen Landsleuten unsterblich gemacht hat, die »Pälzisch Weltgeschicht«. 1917 erschien bereits das 25. Tausend, 1925 das 39.–41., 1953 das 74.–78. und jetzt das

100. Tausend. Eine Auswahl »for Soldate hergericht« erreichte im Ersten Weltkrieg im Nu sechs Auflagen mit 18 000 Exemplaren.

Paul Münch hat dem Volk »aufs Maul geschaut« und ihm mit sicherem Gespür kräftige und ursprüngliche Mundart-Ausdrücke, die es im Hochdeutschen nicht mehr gibt, abgehört. Der Dialekt, den er mit hoher technischer Meisterschaft metrisch beherrscht, entspricht etwa dem um Kaiserslautern gesprochenen. Er verwendet meist paarweis gereimte vierhebige Verszeilen, deren Reime so treffend gewählt sind, daß sie sich leicht dem Gedächtnis einprägen. Nur im Abschnitt vom Bauernkrieg ändert sich der Rhythmus ständig, den einzelnen Stimmungen Rechnung tragend. Die kraftvollen, zündenden Reime aus dem eigenen Wortschatz der Mundart, die frische und lebendige Anschaulichkeit der Schilderung seiner mit Hingabe und Zähigkeit gefeilten Verse geht unmittelbar ins Ohr, jedes Wort ist ein Treffer und sitzt und wird vom geborenen Pfälzer sofort verstanden. Durch häufiges Vortragen von Stücken der »Weltgeschicht« im Familien- und Bekanntenkreis habe ich jedoch die Erfahrung gemacht, daß auch Hörer aus allen Teilen Deutschlands von Hamburg bis nach Dresden ohne weiteres dem Dialekt folgen können und nur ganz wenige Ausdrücke »übersetzt« werden müssen. Das dem Pfälzer eigentümliche Selbstbewußtsein, seine Heimatliebe, sein »Lokalpatriotismus« und sein gesunder, frischer und origineller Humor kommen schon in der Idee, die ganze Weltgeschichte vom »Paradies« bis zum »Untergang des Abendlandes« als von der Pfalz bestimmt und ausgehend zu betrachten, voll ins Licht. Dabei wird aber jede Überheblichkeit vermieden durch eine humorvolle Selbstverspottung und eine kräftige Ironie. Einen wichtigen Bestandteil seiner komischen Epik bilden die zahlreichen Anachronismen und die meist überraschenden Pointen, die die meisten Gedichte krönen. Die Antwort des Bauern, der die Geschichte der »Gräfin Eva vun Neileininge« erzählt, auf die Frage »Is die Geschicht a werklich wohr?« – »Jo«, sa't er, »ich sein gut defor! Nor – wo die Wohrheet nit recht basst, do han ich's annerscht abgefasst«, paßt schließlich auf die ganze »Pälzisch Weltgeschicht«! Daß Paul Münch aber kein bloßer Spaßmacher sein will, hat er im »Baurekrieg« bewiesen, in dem er zeigen wollte, daß die Mundart, in der das Volk denkt und fühlt, auch zu ernster Darstellung geeignet ist. So zeigt er den ganzen Pfälzer, wie er leibt und lebt, einfallsreich, witzig, humorvoll, temperamentvoll, heimatstolz, aber auch gutmütig, gemütvoll und besinnlich, und so versteht sich der Pfälzer in diesem Werk selbst. Da die volkstümliche Diktion Paul Münchs mit ihrer Freude am Derben und am Gefühlvollen infolge der anachronistischen »Verfremdung«, des Witzes, der Ironie und der Selbstverspottung aber auch intellektuelle Freude bereitet, erreicht er alle Bevölkerungsschichten im gleichen Maße.

Die höchste Wirkung aber erreicht die »Pälzisch Weltgeschicht« nicht beim Lesen, sondern beim Vortrag! Wer das Glück hatte, Paul Münch noch selbst als Vortragenden seiner Gedichte zu erleben, dem wird das unvergeßlich bleiben. Jedenfalls können wir auch beim 100. Tausend immer noch sagen, »daß man um das Schicksal des schmucken Büchleins kaum besorgt sein darf«.

Kaiserslautern *Ottheinz Münch*

Zum 25. Tausend

He? Sollt mer's glaawe! So e Glick!
Schun finfezwanzigdausend Stick
Sin jetzt verkaaft in wenig Johre;
Mer heert's un traut nit seine Ohre.
Wer wollt jetzt zornig uf mich sin,
Daß ich do arig stolz druf bin?

Dann 's hat sich doch erausgestellt:
Es war Bederfnis for die Welt
Die Weltgeschicht emol zu heere[1]
Nit wie se uns die Schul dut lehre,
Nee, wie se sich in Werklichkeet
Hat zugetra'[2] un vor sich geht. –

Dann in de „pälzisch Weltgeschicht"
Is diefi Forschung, echt un schlicht,
Wo sich uf reini Wohrheet stitzt;
Nor gute Quelle sin benitzt;
Uralte Akte, dicke Bänd,
Pandekte, Keilschrift, Pergament
Sin mit Gewissenhaftigkeet
Der „Weltgeschicht" zu Grund gelet[3].
Dann wer e Weltgeschicht will schreiwe,
Muß immer wissenschaftlich bleiwe,
Der derf kee Sprich un Spuchte[4] mache,
Wo die Gelehrte driwer lache,

[1] hören [2] zugetragen [3] gelegt [4] Faseleien

Der derf nor schreiwe, was a wohr is,
Was feschtsteht un was klipp un klor is,
Sunscht hat die Wissenschaft kee Wert
Un is gefälscht un ungelehrt.

Es war e Arwet[1], schwer un bitter,
Un manche voll gemeßte Liter
Vun saurem Schweeß hat's abgesetzt,
Viel Hosse han ich dorchgewetzt
Un manches Bleistift abgekaut,

Bis alles war zurechtgebraut.
Doch Gott sei Dank, 's war nit umsunscht[2];
Dann wohri Wissenschaft un Kunscht,
Die brecht sich Bahn mit aller Macht
Als wie e Licht dorch dunkli Nacht. –

Jetzt han ich dich, mei Weltgeschicht,
Ganz nei gebutzt un hergericht
Un hascht e nagelneies Kleedche[3]
Als wie e Kumfirmandemädche;
Jetzt gehscht de halt enaus un siehscht,
Daß du noch viel Verehrer kriescht.

Der Verfasser

Kaiserslautern

April 1917

[1] Arbeit [2] umsonst [3] Kleidchen

1

Mer Pälzer un die Weltachs

Wann jemand uf de Infall käm,
Die Achs vun unserm Weltsyschtem
Genaa un dipplich auszurechne
Un in die Landkart inzuzeechne,
Do käm's eraus, daß akkerat
Im Mittelpunkt vum Pälzer Staat
Der Punkt leit, der wo ganz gewiß
Die Hauptsach uf 'em Weltall is,
Der Punkt, wo alles sich drum dreht,
Was uf der weite Welt besteht.

Dort werd die Weltachs ingeschmeert[1]
Un ufgebaßt, daß nix passeert,
Was in de Weltelaaf am End
E kleeni Steerung bringe kennt. –

[1] eingeschmiert

Schun seit der Herr die Welt gebaut,
Is uns die Weltachs anvertraut,
Weil meer vun alle Menscherasse
For so e Amt am beschte basse.
Mer bassen uf, mer halten Wacht,
Mer gewen Dag un Nacht druf acht,
Daß niemand kummt un will se stehle.
Mer schmeere se un dun se öle
Un butzen se als glitzeglatt
Mit Glaspapier un Butzpumad.
Drum dreht sich a wie selbschtverständlich
Die Weltachs ewig un unendlich. – –

O weh! o weh! Wär das e Schlag,
Wann plötzlich ame scheene Dag
Mer Pälzer Leit de Rappel kräte[1]
Un mir nix, dir nix streike däte!
Das Unglick wär nit auszumole:
Do dät uns all de Guguck hole:
Die Erd, die Sunn, de Mond un alles,
Das krät[2] am selbe Dag de Dalles.
Im ganze Weltall dät's do bollere
Un alles durchenanner kollere.
Do gäb's ee Riesekuddelmuddel,
Die Milchstroß gäb e Mordsgeschnuddel
Un all des scheene Schöpfungs-Sach
Hätt alles rutzebutz die Krach.
Un drum sa't unser Hergott a
Schun glei am vierte Schöpfungsda':

[1] den närrischen Einfall bekämen [2] würde kriegen

„So“, sa’t er, „Mond un Stern un Sunn
Die drehe sich un glitzre schun,
Mei Weltachs schnerrt, ’s is grad e Spaß,
Als wie e Triller[1] uf de Gass’. –
Jetzt braicht ich Mensche, wo’s verstehn
mit meiner Weltachs umzugehn,
Wo Kerl sin erschter Qualidät
Un Riese an Gescheidigkeet,
Mit Hern im Kopp, mit Pflicht un Ehr,
Korzum! Die *Pälzer* missen her;
Die missen dann die Weltachs schmeere
Un’s Kugellager repareere.“ –

„Un“ – sa’t er – „dann werd’s ingericht[2],
Daß alles in der Weltgeschicht
Beim *Pälzer* Volk im *Pälzer* Staat
Sein Ursprung un sein Fortgang hat.“ –
So sat’ er. – Un so is es kumm.
Un um die Weltachs runderum,
Do hockt seit viele dausend Johr
Sei Pälzer Volk un sorgt defor
Bei Dag un Nacht un frih un spät,
Daß Gottes Weltplan richtig geht,
Un daß es Weltall werd gelenkt,
So wie sich’s Gott hat ausgedenkt. – –

Un was nit in der *Palz* basseert,
Is Newesach un hat kee Wert. –

[1] Kreisel [2] eingerichtet

2

’s Paradies

Do meene als die dumme Leit,
Wer Biecher schreibt, der wär’ gescheit;
Ich han emol e Buch geles’,
Das war e kolossaler Kees;
Do hat em ener angelo[1],
Daß mer fascht grien worr is un bloo;
Er hätt’s berechelt un gemeßt,
Wo’s Paradies als wär gewest:

Am Euphrat hinne bei de Derke[2],
Dort dät mer’s heitzeda[3] noch merke,
Er hätt’ Beweise „zur Genüge“.

Das heeßt mer doch die Leit betrige!
Wer so e Kees schreibt, is meschugge;
Mer braucht die Landkart anzugucke,

[1] angelogen [2] Türken [3] heutzutage

Dann sieht mer glei, 's war nerjends als
In unserer liewe, scheene Palz.
Dann uf de ganze Landkart is
Kee Placke meh so lieb un sieß
Mit griener Farb hibsch angestrich,
Wammer[1] nor hinguckt, freet mer sich.

Ei jo! De liewe Gott, der lacht
Noch heit, wann er sei Palz betracht,
Dann vun de Schöpfungssache all
Is die am beschte ausgefall.
Do hat er *meh* sei Kunscht gezeigt
Als an ganz Afrika vielleicht.

Un wie die Welt ganz fertig war
Un alles scheen un wunnerbar,
Do sat er mit 'me stolze Blick:
„Die Palz, das is mei Meeschterstick,
Mer merkt, daß ich allmächtig bin,
Do mach ich's Paradies enin."
Dann hat er schneller wie mer glaabt,
De erschte Mensch zurechtgebappt
Aus echtem Pälzer Grund und Bodem
Un hat em ingeblos'[2] sei Odem;
Dann hat er for de Adam a
Die Eva noch gemacht, sei Fraa. –

Kee Wunner, wammer heit noch froh is,
Daß iwerhaupt die Palz nor do is;
Na, Gott sei Dank, mer han se jo,
Sunscht wäre jo kee Mensche do!

[1] wenn man [2] eingeblasen

Ehr liewe Leit! Zu Adams Zeit,
Do war's doch scheener noch wie heit;
Do is de Adam stunnelang
Mit seiner Fraa spaziere gang,
Zum greeschte Deel im *Weschtrich* als,
Nur *sunndags* in der *Vorderpalz.*
Drum wann ich an *die* Zeite denk,
Krie' ich vor Ärjer fascht die Kränk,
Daß unserenner heit erscht lebt,
Wann's so e Lewe nimmi gebt.

Heit haschde Arwet[1] un hascht Lascht,
Daß de nor was zu beiße hascht,
Un deckmols[2] muß mer Knoche knawwere
Un Kaffeebrih enunnerschlawwere. –
Die Leit im Paradies, die han,
Was Hunger heeßt, noch nit verstann;
Die sin als uf die Bääm gekrawwelt
Un han do als es Obst geschnawwelt,
Un immer nor vum allerbeschte:
Nor feine Äppel, Beere, Keschte[3],
Orange, Feige un Zitrone,
Banane, Mannle[4] un Melone
Un noch viel Sorte prima Obst,
Wo em jo heit es Maul noch troppst[5].

Nor in de Mitt' vum Paradies
– Do wo vielleicht heit Lautre[6] is –
Do war e Baam, ganz dick un breet,
Mit Äppel erschter Qualidät.

[1] Arbeit [2] oftmals [3] Kastanien [4] Mandeln
[5] tropft [6] Kaiserslautern

Do sa't emol die liewe Gott:
„*Die* Äppel sin eich streng verbott,
Un wann se *noch* so lieblich glänze,
Do derfen ehr kee ener strenze[1]!"
Die Eva awer war e Fraa,
Wie heit noch all die Weibsleit aa,
Un 's dauert werklich gar nit lang,
Do is se an die Äppel gang. –

Wer christlich is un religiees
Un sunndags in sei Kerch geht, weeß,
Wie dann die Mensche dodefor
Vun Gott enausgeja't sin worr. –
Jetzt is halt nix meh dran zu mache
An dene ihre dumme Sache,
'es Paradies is halt verlor,
Und das is werklich schad defor.
Die Palz is zwar a jetzt noch schenner
Als all die ann're Herre Länner,
Un in de Palz, do sin noch heit
Die scheenschte und die strammschte Leit,
Un nerjends is es Obst so sieß.
's is awwer nimmi 's Paradies!

[1] stehlen

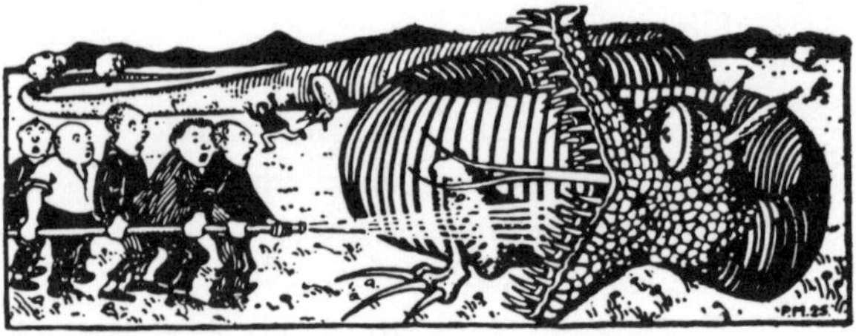

3

Die Palz vor de Sindflut

Deheem, do han ich e Kalenner –
's is, glaab, sogar vun dies Johr enner –
Der macht mer kolossal viel Freed,
Weil so viel scheenes Dings drin steht;
Un Bilder sin uf alle Seite,
Wo alles meegliche bedeite.

Do sin berihmte Männer drin:
De Dschingiskhan, de Zeppelin,
De Schinnerhannes, de Homer,
De Cäsar un de Meyerbeer.
Un außerdem sin Bilder do
Vun Gockelskämpf in Mexiko,
Vun Molereie, vun Vulkane,
Vun Viehzucht un vun Eisebahne
Un was halt heitzeda[1] e Mann
Vun Bildung wisse soll un kann. –

[1] heutzutage

E Bild is drin uf Seite acht,
Do grusselt's ehm, wammer's[1] betrachtet:
Do sin drei wieschte Drache druf,
Die reiße all die Mailer uf;
Do meent mer grad, mer werd verschluckt,
Un unnedrunner steht gedruckt,
Die wäre dreißig Meter lang
Un höher wie e Hoppeschtang,
Die dät's gar nimmi gewe heit,
Nor in de alleraltschte Zeit,
Do wäre se erumgeloff
Un in der Sindflut all versoff. –

Du liewer Gott! Jetzt freet's mich doch,
Daß ich do nit gelebt han noch.
Do krie't mer Angscht, wammer nor weeß,
Wie all die Viecher han geheeß:
De „Brondosaurus", das war als
E Viech mit so 'me lange Hals
Un mit 'me Bauch, wie soll ich sa'e,
Noch länger wie finf Giterwa'e;
A „Ichthyosaurus" hat's als gebb
Mit dicke un mit wieschte Kepp,
E „Lälaps", das war aa kee Zwerg,
E Kerl als wie de Dunnerschberg. –

So Lumbezeig war früher als
Sogar dohiwwe in de Palz.
Die arme alte Pälzer han

[1] wenn man's

Do manche Schrecke ausgestann,
Dann so e wildes Viech wie des
Hat Mensche grad genunk gefreß.
Das hat zwölf dicke Leit verzehrt
Un noch kee Linnerung gespeert;
A Weibsleit, Mädcher, alt und jung,
Die hat das mit eem Schluck verschlung
Mitsamt de Kleeder un de Schuh
Un mit de Hit un Scherm dezu. –

Was han do als die Bauerschleit
For Angscht gehat in seller Zeit,
Wann so e Herd vun Viecher sich
Als in die Palz hat ingeschlich!
Do han se als in ihrer Not
Die Feierwehre ufgebott,
Die sin dann mutig un entschloß
Glei uf die wilde Drache los
Un spritze mit de Wasserschlaich
Die Viecher uf ehr dicke Baich.

Was awwer kann dann so 'me Drache
E Wasserspritz for Schade mache?
Im Ge'edeel! Do sin se nor
Noch witiger un wilder worr
Un mache gar nit lang Prozeß
Un han die Feierwehr gefreß
Mitsamt de Bumpe un de Spritz,
Das is so schnell gang wie de Blitz. –

Dann han die Drache uf em Feld
E Rieseschade angestellt:

Die sin im Land erumgetrampelt
Un han es ganze Korn verstrampelt
Un rutzebutz eweg achielt
Und *als* noch Appetit gefiehlt;
Dann sin se a noch in de Hawwer
Un mache do e Mordsgeknawwer,
Daß als im ganze weite Lann
Nur noch die Stopple sin gestann.

Dann dun die ferchterliche Drache
Sich an die Krumbeeräcker[1] mache:
Un machen kolossale Schade
An dene gute „up do date". –

Wammer[2] do dran denkt, liewer Gott,
Was war doch sellemols e Not!
Die Träne komme mer noch heit
Vun we'e dene arme Leit. –

Drum, wann ich als das Bild betracht
In meim Kalenner Seite acht,
Dann denk ich als: Es ist doch gut,
Wie Gott die Welt regiere dut;
Hätt' der die Sindflut nit gemacht
Mit Weisheet un mit Vorbedacht,
Ach, Jesses, nee, dann wäre jo
Die Drache heitzeda noch do –
Un wann mich eener fresse dät,
Was dät das meiner Fraa so leed!

[1] Kartoffel = Grundbirne [2] wenn man

4

Der Urmensch vun Heidelberg
(homo heidelbergensis)

Gelehrte Leit sin oftmals Narre
Un han fascht allegar e Sparre,
Ganz worscht, was for e Fach se han,
E jeder spinnt, so gut er kann.
Letscht awer han ich was geheert,
Das war meintwege recht gelehrt,
Doch ganz verrickt un iwerzwerch:

Do hat e Mann bei Heidelberg
In so 're alte Kiesgrub glaab
E Menschekinnlad ausgegrab.
So ebbes kummt doch alle Johr
In ganz Eiropa oftmols vor
Un 's kimmert sich kee Deiwel drum.
Do awwer is es annerscht kumm:

Mit dicke Brille uf der Nas
Un unnerm Arm e Metermaß,

Mit Reißzeig, Lupp un Mikroschkop
Sin die Professor angeschob
Un fangen an als wie meschugge
Mit Zirkle, Messe un mit Gucke
Un schrumple so gelehrt die Stern.

Zum Schluß sa't eener: „Meine Herrn!
Die Messung zeigt zur Evidenz
Die Gattung ‚homo sapiens',
Und zwar höchst primitiv beschaffen,
Ein Zwischenglied zum Menschenaffen.
Wir haben damit jedenfalls
Den Urbewohner unsrer Pfalz.
Sein Alter ist so ungefähr
Die Zeit kurz nach dem Tertiär,
Wodurch wir – niedrigst angenommen –
Auf hunderttausend Jahre kommen. – –"

So sa't er, ohne sich zu schämme
So gottlos Zeig ins Maul zu nemme!
Dät der in seiner Bibel lese,
Wie's dort uf Seite eens dut heeße,
Do dät er sich das nit erlaawe[1],
An hunnerddausend Johr zu glaawe.

Na jo! Ich glaab, dem Mann dut's rappele,
Sunscht kennt er kee so Bleedsinn babbele
Als wie: „Wir haben jedenfalls
Den Urbewohner unsrer Pfalz."

[1] erlauben

O je! Wie klingt das so gelehrt!
Un is so närrisch un verkehrt!
Drum bin ich selbscht vor verzeh' Da[1]
No' Heidelberg mit meiner Fraa,
Weil ich in so're ernschte Sach
Mir gern mei eigni Meenung mach.
Un Gott sei Dank! – 's is uns gelung,
Mer han die Sach erausgebrung.

Die Sach ist so: die Kinnlad dort
Stammt vun 're alte Menschensort,
Fascht grad so wieschterlich beschaff
Als wie e Orang-Utan-Aff!
Der muß gefress' han wie die Bäre:
Fleesch, Obst und Quetsche samt de Keere[2],
Dickworzle, Gras un Riewekrutze[3]
Un Sand un Lehme wie die Wutze.

Do war kee Maul, wie meer ens han,
Do is e Schnuß[4] enausgestann
Ganz dick un eklig un so rund
Un breet wie beime Bolldogghund.

Ehr Mädcher! Stellen eich bloß vor,
Ihr wären sellemols gebor
Un 's käm e Kerl mit so 're Schnuß
Un sa't, er wollt vun eich e Kuß;
Dann merkt mer's erscht, wie angenehm
E Kißche wär vun unsereem. –

[1] vierzehn Tage [2] Kern [3] Rübenkrutzen [4] Schnauze

Drum dut's uns Pälzer bitter kränke,
Daß heit noch viel Gelehrte denke,
Daß so e wieschter Kerl wie der
Am End de pälzisch Urmensch wär.

Nee, nee, die Pälzer Urweltsleit
Das waren Leit genaa wie heit:
Scheen, stramm un schneidig un gesund;
Do war kee Schnuß wie bei 'me Hund,
Kunträr!! Die Mäd han sich geriss'
Um Pälzer Männer-Urwelts-Kiss[1]. –

Un wann heit e Gelehrter käm
Un sage dät zu unsereem:
„Wie kommt's denn aber, daß gerad
Im ehemal'gen Pfälzer Staat
Der Knochen ist gefunden worden
und nirgends sonst an andern Orten?"

Da dät ich sa: „Do sin Se err[2],
Der Knoche do stammt vumme Herr,
Der war wie Sie so bleed un dumm
Un is wie Sie vun auswärts kumm."

[1] Küsse [2] irr

5

Die Sindflut

Berihmte Pälzer gebt's e Mass',
Dann unser Rass' is erschter Klass'.
Geschickte Moler, große Dökter,
Gelehrte un Fawrikinspekter,
Professer, Musikante, Dichter,
Theatersleit un Kriegsminischter.

Wann ich vun some[1] Mann als les',
Wo so gelehrte Sache weeß,
Dann sa' ich als: „Eens is gewiß,
Daß seller Mann e Pälzer is."
Un 's stimmt a mehrschtens uf de Knopp,
Dann Pälzer Leit sin hell im Kopp. –

Der *Noah,* ich bin gut defor,
War aa in unsrer Palz gebor,
Weil er so schlau war un gescheit,
Grad wie die Pälzer Leit noch heit.

[1] so einem

Dann domols hat kee Mensch gemeent,
Daß es e Sindflut gewe kennt,
Und nor de Noah hat's gewißt,
Daß ball so ebbes kumme mißt.
Dann sellemols han uf de Welt
Die Leit grad alles angestellt,
Was unser Herrgott hat verbott.
Es war e Schann un war e Spott.

Do hat de Noah glei gedenkt:
„Die Leit, die heere[1] all gehenkt;
Es eenfachscht awer wär's am End,
Wammer se all versääfe[2] kennt
In so 're Sindflut, dief wie's Meer,
Ich glaab, daß das am beschte wär." –

Un werklich! Grad so is es gang.
Uf eemol re'ents[3] wochelang
Un hat geplanscht als wie noch nie;
Es Wasser is gestie', gestie'[4]
Un stei't alsfort un stei't un stei't,
Bis alles unner Wasser lei't,
Die Bääm, die Haiser un die Hiwwel[5]
Un alsfort re'nt's noch wie aus Kiwwel.

Un uf de hohe Berg stehn owe,
In Dodesangscht die Mensche drowe,
Aus alle Aa'e[6] guckt 's Entsetze
Un jeder bet' zu seine Getze.

[1] gehören [2] ersäufen [3] regnet's [4] gestiegen
[5] Hügel [6] Augen

’s Wasser awer stei’t un stei’t
Un kummt als näher an die Leit;
Kummt alsfort näher, alsfort näher
Un krawwelt alsfort höher, höher
Un höher flieht de Menschehaufe,
For nit im Wasser zu versaufe.

Die Wasserflute awer wälze
Sich weiter iwer Steen un Felse
Als näher an die Leit, die arme,
Ganz ohne Mitleed un Erbarme. –

Am höchschte Gippel, eng gedrängt,
Do stehn se kunnerbunt gemengt,
Aus ihre Aa’e, hohl un leer,
Do glotzt un stiert de Wahnsinn her.

Sie bete nimmi, nee, sie brülle,
De Re’e un die Flut zu stille.

Un flehe blutig sich die Händ;
Doch alsfort näher kommt ihr End:
Do krawwelt er eruf un droht
Vun alle Seite her, de Dod. – –

Un wie am nächschte Dag die Sunn
Erufstei’t in der Morjestunn,
Do sieht se nor noch Luft un Meer,
Kee Baam, kee Busch meh, alles leer,
Kee Laut, kee Lewe ringserum,
Nor Wasser, Welle – still un stumm.

Ei, gu' mol do![1] Im Meer do draus,
Do schwimmt jo ebbes wie e Haus!

Was is dann das, was kann das sin?
Mer meent, do wäre Mensche drin. –

Wer war's? – Der Noah un sei Leit;
Der hat sich noch zu rechter Zeit,
Vor 's angang hat, das Re'ewetter,
Aus Dannebalke un aus Bretter
E Schiff als wie e Haus gemacht,
Jetzt hockt er trucke drin un lacht
Un denkt sich: „Ja, e Pälzer Mann,
Was der nit alles mache kann!"

Do hat er werklich recht gehat,
Das Schiff, das war e wohrer Staat:

Do ware nit nor Stubbe drin
For sich, sei Fraa un for sei Kinn,
Er hat a for sei Viechzeig all
Eningebaut e extra Stall.

Do ware Gail un Kih un Affe
Un Leoparde un Giraffe.
Do Tiger, Atzle[2] un do Gemse,
Do Biene, Micke, Schnooke[3], Bremse,
Do Fleh, do Wölf, do Lämmergeier
Un Schlange un so Ungeheier.

[1] Ei, guck mal da [2] Elstern [3] Schnaken

Das war e ferchterlich Gezawwel,
E Johle, Gauze[1] un Gekrawwel,
Das hat geflatschert[2] un gewusselt,
Daß mer's als heit noch arig grusselt. –

So is de Noah lang geschwumm
Uf dere Sindflut owe rum;
Uf eemol merkt er, wie die Flut
So nochenanner falle dut
Un guck, do driwe linker Hand
Do sieht mer schun e Stickche Land. –

Do sa't de Noah: » Ich meen als,
Mer schwimme mitte uf de Palz,
Dann do wär ich doch arig err[3],
Wann das de Dunnerschberg nit wär,
De Dunnerschberg mit seine Danne!
Hurrah! Do fahre mer glei anne! «
Un is a glei druflos gesteiert
Un hat e Landungsfescht gefeiert. –

Un 's Wasser is alsfort gefall;
Jetzt sieht mer schun ins Zellerdal,
Dovorre guckt a schun e Haus
Vun Kerchem[4] aus de Flut eraus
Un freindlich lei't dort in de Sunn
De Weierhof, ganz trucke schun,
In der Realanstalt[5] wird ball
Schun widder Unnerricht gehall. –

[1] Bellen [2] geflattert [3] irr [4] Kirchheimbolanden
[5] „Realanstalt am Donnersberg"

Na, korz un gut! Es dauert noch
So ungefähr e guti Woch,
Do is de Noah frisch un munner

Mit seine Leit de Berg erunner:
Un was er dann noch hat getribb,
Is in de Heilig Schrift beschribb.

6

Die babylonisch Sproochverwerrung

Ich han so vor e Dager acht
Emol uf Heidelberg gemacht;
Was war doch do e Mordsverkehr,
E Laafe, Renne, hin un her!
Aus alle Herre Länner ware
Die Fremde do in ganze Schare:
Schinese, Neger, Mexikaner,
Als eener wieschter wie de anner;
Dann Russe, Tscheche und Pollacke
Mit dicke Kepp un breete Backe,
Die han e Sprooch dohergebabbelt,
Daß mir noch heit mei Schädel rappelt.

Do is halt doch mei Pälzer Sprooch
Die allerscheenst un deitlichst noch,
Dann die versteht mer gar so gut,
Wann jemand mit em babble dut;
Un besser wär's uf jede Fall,
Wann a die annre Velker all,

Die Derke, Russe, Däne, Schwede,
Scheen hibsch uf *pälzisch* babble däte.

Im allerält'schte Alterdum,
Ums Johr dreidausend so erum,
Do han die Völkerstämm noch all
Sich als uf pälzisch unnerhall:
In Schile un in Paleschtina,
In Indie, Spanie und in Schina,
Do hat mer sunscht vun nix gewißt,
Als daß mer pälzisch babble mißt. –

Ach Gott! Die Zeite sind erum!
Was waren a die Leit so dumm
Un han em liewe Gott zum Hohn
Den Torm gebaut in Babylon,
For um ins Himmelreich zu gucke?!
Die Leit, die waren scheint's meschugge!

Dann alle Mensche uf de Erd
Han mitgeholf, daß ebbes werd:
Beamte, Schuster, Metzger, Baure
Han all minanner helfe maure,
Han Steen gesetzt un Speis getra',
Gerischte uf- und abgeschla',
Han Sand gefahr un nivelliert
Un Steen gehau un Kalk gerihrt,
For daß in meeglischt korzer Zeit
De Torm bis an de Himmel stei't.

Do owe awer in sei'm Himmel,
Do sieht de Herrgott das Gewimmel

Un denkt so bei sich: „Nee, die Leit,
Die sin halt *als* noch nit gescheit!
Na, warten nor! Ich lehr eich Mores,
Eich frechem Menschelumpechores!!“

Un wie die Leit in aller Frih
Aus ihre Better sin gestie,
Un sin glei an die Arwet gang,
Un han es Schaffe angefang –

Uf eemol! – Ja, was is dann das?
Soll das jetzt Ernscht sin oder Spaß?!
Do babble jo die Leit minanner
E jeder annerscht wie de anner:
Der een redt russisch, der chinesisch,
Der do indianisch, der franzeesisch,
Der babbelt griechisch, seller dänisch,
Der do ladeinisch, der rumänisch,
Der do, der babbelt wie e Zwockel[1]
Un der *kräht* preißisch wie e Gockel;
Na, korz un gut! Kee eener Mann
Hat meh de annere verstann. –

E Meeschter sa't zu sei'm Gesell:
„Kumm her, du Faulpelz, awer schnell,
Un stell die Leeder in die Heh!“
Doch der sa't: „He, comment monsieur?“
E annrer sa't: „Philp, kumm mol her!“
„Ei du not önderständ ju, Sör.“

[1] Kosename für „Altbayer“

E Maurer sa't zum Speisbub[1]: „Schorsch,
Bring doch de Speis, du fauler Borsch!"
Doch ganz verwunnert sa't de anner:
„Ti bulei", sa't er, „file aner?"
„Do lang' mer doch de Kiwwel[2] her!"
„Non comprehendo te", sa't der. – –

Ehr liewe Leit: Do war's vorbei
Mit dere Himmelsguckerei,
Dann wann die Leit sich nit verstehn,
Do kann kee Arwet vorwärts gehn.
Drum is der Riesetorm a ball
Kaputt gang un in Staab verfall. –

Die Sproochverwerrung awer hat
E großer Nochdeel, ewig schad!
Grad nor *meer* Pälzer schwätze noch
Die uralt Mensche-Urschprungs-Schprooch;
Un all die annre fremde Leit,
Die babbele seit seller Zeit
Ehr Schprooche, wo kee Mensch versteht,
Die arme Kerl, die dumer[3] leed,
Die misse sich ehr Maul verstauche
An Schprooche, wo kee Penning dauge. – –

[1] Mörtelträger [2] Kübel [3] tun mir

7

De Hannibal

’s is Chrischtepflicht for jeden Mann
Die ann’re Mensche lieb zu han.
Drum gebbt’s gar niemand weit und breet
Den wo ich net fescht liebe dät.

Un doch is mei Gewisse schlecht,
Daß ich als schiergar heile[1] möcht:

Die alte Reemer, die nixnutze,
Kann ich ums Lewe nit verbutze[2].

Das ist bei mer de nämlich Fall,
Wie friher als beim Hannibal.
Der war ganz in der alde Zeit
In Afrika e wilder Heid
Un hat sich alsfort iwerle’t[3],
Wie mer’s am beschte mache dät,

[1] heulen [2] ausstehen [3] überlegt

Daß mer das Reemerpack verschla't
Un all die Kerl zum Deiwel[1] ja't.

Uf eemol sa't er: „Dunnerkeil!
Mir kummt e Infall alleweil!
Jetzt, Reemer, geht's eich an de Hals:
Ich mach e Bindnis mit der Palz." –

Un werklich! Drei Dag dauert's bloß,
War's Bindnis fertig abgeschloß.

De Hannibal, der wart' nit lang
Un hat de Krieg glei angefang
Un dorch die Alpe geht er quer
Eniwer[2] mit 'm ganze Heer,
Als höher stei't er in die Heh'
Dorch Eis, dorch Gletscher un dorch Schnee:
„Nor ufgebaßt, daß niemand rischt[3]!
Als vorwärts in die Heh' geglitscht!"

Krach! Borzelt[4] so e Worfmaschin
Grad mitte in die Schlucht enin;
Blumps! Kollert noch e Elefant
Erunner vun de Felsewand.

So geht's als weiter fort mit Krawwele,
Mit Ritsche, Glitsche un mit Zawwele.
Zwee Woche dauert's ungefähr;
Uf eemol kreischt's vun vorre her:

[1] Teufel [2] hinüber [3] rutscht [4] purzelt

„Hurrah, hurrah! Es is gewunn,
Do unne lei't Idalie schun,
Nix wie enunner, alleh hopp!
Ehr Pälzer, vorwärts im Galopp!" –

Un in der nächschte Vertelstunn
Do stermen a die Pälzer schun
Mit „Hoch" und „Hurrah" in die Schlacht
Un han die Reemer kalt gemacht,
Verroppt[1], verriwwelt[2] und verriss'
Un in die Trebbia geschmiss'.
Ihr Feldherr namens Szipio,
Der is devun un is gefloh'
Un laaft vor lauter Angscht un Weh
Bis an de Trasumenisch' See.
Dort han die Pälzer dene Held
Es zwettmol[3] in der Schlacht gestellt.

Bums! 's geht schun los! Die Pälzer schterme[4],
Daß sich die Leiche nor so terme[5],
Was nit gefall is, is versoff,
Un 's Blut is fuderweis' geloff,
De Szipio is ganz alleen
Gerett' worr[6] dorch sei lange Been. –

Dann han die Reemer for ehr Geld
En nei Heer uf die Been gestellt.
Un das war werklich jo so frech
Un sperrt em Hannibal de Weg.

[1] zerrupft [2] zerrieben [3] zum zweitenmal [4] stürmen
[5] türmen [6] worden

Doch der war pfiffig un stellt glei'
Die Pälzer in die vorderscht Reih;
Bei Kannä war's! Kreizdunnerschda',
Han do die Pälzer drufgeschla'!
Do is kee Menschesprooch imstann,
Daß mer die Schlacht beschreiwe kann.
Noch nit emol die *Pälzer* Sprooch,
Wo doch so scheen is, stolz un hoch,
Wo alle Sprooche in de Welt
Bei weitem in de Schatte stellt,
Die langt nit for die Heldeschticke
Vun Kannä deitlich auszudricke.

Drum lieber Schluß! Sunscht meent mer jo,
Ich hätt eich ebbes angelo'[1].

[1] angelogen

8

Die Cimbere un Teitone

Ich war e Strick als kleener Bu
Un noch e Faulbelz aa dezu;
Es wollt net in mei Kopp enin,
Daß doch die Schule neetig sin,
For um die Bilding zu studiere
Un sunscht noch Dings zu profitiere.
Mei Lehrer hammich[1] als verschla'
Un dann deheem mei Vadder aa,
Mei Mudder hat mer jedi Woch
Mit gude Worte zugesproch.
's hat nix gebatt[2]. Ehr ganzi Kunscht
War an mer faulem Borscht umsunscht. –

Nor in eem Fach, do war ich fleißig,
Do han ich als gelernt for dreißig:
Das war Geschichtsstunn; heit noch weeß ich

[1] haben mich [2] genützt

In dem Fach meh wie im Franzeesisch.
Do hat mei Lehrer als verzählt,
Wie's friher war uf dere Welt,
Wie die Athener un Spartaner
Sich als verschla' han unnernanner,
Wie sellemols de reemisch Staat
In eemfort Hännel hat gehat,
Wie se die Gallier un Samniter
Vermöwelt han als wie's Gewitter,
Wie später dann de Hannibal
In ehr Gebiet is ingefall
Un kloppt de Reemer uf die Kepp
Un schla't se halwer krumm un schepp. –

Am greeschte awer war mei Freed,
Wann vun de Deitsche war die Red,
Was das for Riese sin gewest,
Wo jedermann zwee Meter meßt,
Was die dem Reemerpack die Gosch
Uf deitschi Art han vollgedrosch.
Un wie die Cimbre un Teitone
In Frankreich drunne an der Rhône
Dem Reemerchores han gewiss[1],
Wie stark als mer in Deitschland is.
Do war ich stolz im Herz dodrin,
Daß ich e deitscher Berger bin. –

In mei'm Geschichtsbuch hat's gestann
Vun Seite 96 an.

[1] gewiesen

Do han ich als soviel geles',
Daß ich noch heit fascht alles weeß;
Die Blätter waren ganz voll Dreck,
Besunners unne rechts im Eck,
Do wo mer als de Finger hat,
Wammer die anner Seit ufschla't. –

Dodrin war alles ufnotiert,
Was em besunners intressiert
Vun dene Cimbre un Teitone:
Wie als die reemische Legione
Schun Angscht gehat han stunnelang,
Vor nor die Schlacht hat angefang.

Ei jo, sie han's halt kumme siehn,
Daß se schun widder Mackes[1] krie'n. –

Do hat in Rom de hoch Senat
E kolossali Angscht gehat,
De Konsul is erumgeloff,
Als wär er krottevollgesoff,
Die Volkstribune sin zu zwett
Ganz krank vor Schrecke in ehr Bett.

Es Volk steht ängstlich uf der Gass'
Un is ganz still un dodeblaß
Un heilt un wimmert Weh un Ach:
„Jetzt krie't es reemisch Reich die Krach." –

[1] Hiebe

Uf eemol kummt e Reitersmann
Un kreischt so laut, als wie er kann:

„Hurrah, hurrah! Mer han gesie't,
Die Cimbre han ehr Mackes krie't!"

Un 's war a leeder werklich so,
De Reitersmann hat nit gelo,
Die Deitsche han die Schlacht verlor
Un sin all abgemetzelt worr.

Ach Gott! *Heit* muß ich als noch flenne,
Daß es so weit hat kumme kenne. –

Mei Lehrer hat als noch gesa't:
„Seht, Schüler, das ist jammerschad,
Daß man nicht weiß, woher die Scharen
Der Cimbern und Teutonen waren;
Zwar man vermutet ziemlich stark,
Sie stammten wohl aus Dänemark,
Doch auch die Ansicht wird vertreten,
Sie seien eingestammte Schweden.

Und wieder andre sagen: Nein,
Sie sind vielmehr vom Niederrhein.
Doch die Beweise bleibt man schuldig
Und das Papier ist ja geduldig." –

Ach liewer Gott! Do muß mer lache,
Was die Gelehrte Sache mache;
Do weeß e jeder alles besser
Vun dene lumbige Professer.

Do sa't e jeder immer grad
Was annerscht, als de anner sa't.

Na, ich bin aa kee dummer Mann
Un kann mei ei'ni[1] Meenung han:
„Das Volk der Cimbern und Teutonen
Tat einstens in der Rheinpfalz wohnen."

Das is mei Meenung, meiner Seel,
Un wer's nit glaabt, is e Kamel.

[1] eigene

9

De Cäsar

De Cäsar hat e Buch geschribb,
Das is gelo' un iwertribb
Un heeßt „de bello gallico."
Dodrin, do schreibt der Cäsar jo:

Er hätt es pälzisch Heer bezwung
Un wär dann bei uns ingedrung
Un schließlich wär's em noch geglickt,
Daß er de Rheinstrom iwerbrickt. – –
Do heert sich doch grad alles uf,
Wie der em anlie't[1], der Kanuff;
Do is jo jedes Wort gelo'.
Die Sach war annerscht; nämlich so:

De Cäsar, der hat domols grad
Sich Frankreich unnerjocht gehat,

[1] anlügt

Dann is er in die Palz marscheert
Un war doch gar kee Krieg erklärt,
Un is gerennt ganz ungeheier
Un war uf eemol schun in Speyer,
Hat dort e Schiffbrick ufgeschla'
In Zeit vun binne zwee, drei Da'
Un is dann iwer Kopp un Hals
Eniwer in die badisch Palz,
Un owends[1] uf em freie Feld
Hat er sei Biwack ufgestellt. – –

's is Nacht, – Kee Blädche, wo sich re't[2]
Un alles schloft in Sicherheet;
Wie dot is alles – mais'chestill
Nor manchmol pischbert[3] als e Grill. –

Uf eemol wacht de Cäsar uf,
Sei Hoor stehn kerzegrad enuf,

Dann – horch emol! – aus dausend Kehle
Do heert mer's kreische un krakehle:

„Hopp, Cäsar, laaf! Sunscht geht ders schepp,
Jetzt kriegschde kolossal dei Knepp!

Mer sin schun do, mer Mannemer[4],
Dei Hossebeen, die spanne mer.
Mer schlage der ufs Kappedach,
Hopp, Cäsar, hups, sunscht hoschd die Krach!"

[1] abends [2] regt [3] wispert [4] Mannheimer

De Cäsar, der werd weiß wie Kees,
Kalt tropft vun seiner Stern de Schweeß,
O weh! jetzt heert mer aus em Wald
Ganz deitlich, wie's eriwerschallt:

„Wart, Cäsar, alter Reemerlumbes,
Jetzt kriegschde ferchterlich dei Bumbes,
Bis daß de bloo[1] bischt wie e Quetsch[2],
Meer sin's, die Feierwehr vun Ketsch!
Laaf, Cäsar, laaf als wie e Has,
Sunscht kriegschd e Knippel uf die Nas!"

De Cäsar zittert wie e Maus,
Sei Aa'e henken ganz eraus,
Mer meent schiergar, e Doter wär's,
Do – horch! 's kommt nochemol e Vers:

„O Cäsar, Cäsar, schlechter Tropp,
Heit kriegschde uf dei Schwollekopp,
Heit gebt's geheerig Metzelsupp
Vum Schwetzinger Athleteklub.
Jetzt schnell dei Teschtament gemacht!
Dann nochher werschde abgeschlacht!!"

Der Vers war noch nit recht verklung,
Sin schun die Pälzer vorgesprung:

„Hopp, vorwärts! Nix als wie dewedder;
Dem Pack versohle mer es Ledder!!"

[1] blau [2] Zwetsche

Schwupp! Is a schun e ganzer Trupp
Vum Schwetzinger Athleteklub
Ins Reemerbiwack ingebroch
Un hat geschoss' un hat gestoch. –

Uf eemol setzt es reemisch Heer
Sich frech und batzig uf die Wehr.

Do guck! De Tornverein vun Mannem[1],
Der rickt jetzt vor un is schun annem[2],
Do gebt's glei Bause[3] uf die Kepp
So dick als wie die Lewerknepp.

Jetzt stermt die Ketscher Feierwehr
Als wie e Dunnerwetter her.

Ach je! Was do die Säwel rassele
Un uf die Kepp errunnerprassele!

Un grußlich schebbert dorch die Nacht
De Pälzer ehr Gekrisch mit Macht. –

Do sin die Reemer dorchgebrennt
Un sin gesaust un sin gerennt
Un sin uf dere neie Brick
Im schnellschte Dauerlaaf zurick,

Un zwee Stunn nochher ware schun
Die Reemer allegar verschwunn. – –

[1] Mannheim [2] an ihm [3] Beulen

Die Schiffbrick awer hat gehall
Zweedausend lange Johre ball,
Un erscht do letscht[1] – in *unsre* Da'[2]
Hat mer das Meewel[3] abgetra.

Krumm war se, wacklig un verroscht,
Un Brickezoll hat's aa noch koscht. –

[1] letzthin [2] Tage [3] Möbel

10

Die Schlacht im Teitoburger Wald

Ehr liewe Leit! Es is e Schann,
Was ich so schlecht ladeinisch kann!
Na, 's langt jo for deheem erum
Un fors gewehnlich Publikum,
Es wär mer awer doch e Freed,
Wann ich's noch besser kenne dät;
Ich wollt mich jo schun glicklich heeße,
Wann ich im Tazitus kennt lese,
Was seinerzeit die Reemer als
Geschafft han howe in de Palz,
Wie uns die Kerl an Leib und Gut
Han ausgesuckelt bis ufs Blut
Mit Frondienscht, Steure un Prozente,
Mit Wucherzins un Dividende,
Bis dann die Teitoburger Schlacht
Dem Saustall hat e End gemacht.

Mer Pälzer han doch vun Nadur
Schun so e heeßi Tempratur
Un wege unbedeitend Sach
Hui! is schun Feier unnerm Dach.

Drum, wie das Reemerchores immer
Noch frecher worr is un als schlimmer,
War's Häbche voll bis an de Rand:
Die Sturmglock hat gelait' im Land.

Un noch am selwe Da, do han se
Ehr Säwel vorgeholt un Lanze
Un han die Schwerter frisch gewetzt
Und alles in de Stand gesetzt.
Dann han se noch mit ihrem Ferscht
E Abschiedsfäßche leergeberscht. – –

Die Reemer awer ware all
Wie aus de Wolke schier gefall:
Die han sich nämlich ingebildt,
Die Deitsche wäre nit so wild,
Die däte sich die schlechte Bosse
In Ewigkeit gefalle losse.

De Varus awer hat vor Wut
Fascht nit gewißt meh, was er dut
Un is noch in der nämlich Woch
Mit seine Truppe ufgebroch.
Mit Fahne un mit Schlachtezeiche,
Mit Ziechharmonika un Geige,
So zieht es reemisch Heer do anne
Dorch Eechewälder und dorch Danne

Un hat getrummelt, daß es schallt
Weit in de Teitoburger Wald. –

Uf eemol fange die Soldate
Zu zittre an an Leib un Wade
Dann newe drin aus dem Gebisch
Do heert mer – *'s pälzisch* Kampfgekrisch,
Un glei vun alle Seite her,
Vun rechts, vun links, vun kreiz un quer
Do sin die *Pälzer* vorgeschnellert
Un han ene die Kepp verdellert,
Un han se wischterlich gezwiwwelt
Un schiergar all zu Dreck verriwwelt.

Do hat de Varus glei gesiehn:
„Do hock ich in der Mausfall drin!"
Un hat sich in sei Schwert gesterzt
Un so sei Lewe abgekerzt. –

Doch unser Pälzer Bataillone
Sin ingebroch in die Legione
Un hinne noo die annre Deitsche
Mit Säwel, Schwerter, Knippel, Peitsche
Un han e Blutbad angericht,
Wie keens meh in de Weltgeschicht:
Bis an die Wade un ans Knie
Is do es Reemerblut gestie'. – –

Die Pälzer han in dere Schlacht
Ehr Sach besunners gut gemacht,
Dann *Pälzer* Kraft und *Pälzer* Schneid
Hat's a schun gebb in seller Zeit.
Un – ohne unser pälzisch Heer,
Wer weeß, ob's so enaus gang wär?!

11

Wie's Chrischtedum is in de Palz ingefehrt worr

Die Zwockel[1] driwe schelle als
Wie's Dunnerwetter uf die Palz:
Das is jo nix als lauter Neid,
Dann *die* sinn dumm un *meer* gescheit.

So han ich oft schun misse heere,
Daß *meer* so schlechte Chrischte wäre,
Mer dät's schun an de Kinner merke,
Die däte fluche wie die Derke[2].

Kreizdunnerwetter! 's is e Schann,
Wie mer em so verleimde kann;
Wer so was sa't, war jedefalls
Sei Lebda' noch nit in de Palz,
Sunscht hätt er sicher un gewiß
Gemerkt, daß es ganz annerscht is.

[1] Kosenamen für „Altbayer" [2] Türken

Dann sunndags sin als jedesmol
Die Kerche ganz gestopptevoll
Un werkdags werd fascht iwerall
Gebet- un Bibelstunn gehall. –

Mer Pälzer sin seit Ewigkeet
Die beschte Chrischte weit un breet
Un nor ganz in de alte Zeite,
Do ware mer noch wilde Heide;
Ei jo! Vor zwee-, dreidausend Johr
War Chrischtus ja noch nit gebor;
Un *das* kann doch kee Mensch verlange
Es Chrischtedum schun anzefange,
Wann noch kee Mensch uf dere Erd
E Ahnung hat, wie's eintlich[1] werd;
Drumm hammer[2] sunscht nix kenne treiwe,
Als noch e Zeitlang Heide bleiwe. –

De owerscht Gott, soviel ich weeß,
Hat „Wodan", meen ich, als geheeß.

An annre Götter ware do:
De „Baldur", „Hödur" und die „Froh"
Un wie die Borsch all han geheeß,
Die Name han ich schun vergeß. –

Uf eemol sin ganz still un fromm
Die erschte Chrischte zu uns komm
Un han gepreddigt un gelehrt
Un glei e Haufe Leit bekehrt.

[1] eigentlich [2] haben wir

In *Kusel* un in *Alteglan*
Hat de Remigius gestann.
Der hat im erschte Johr dort schun
Die Leit fors Chrischtedum gewunn,
Un fleißig sin se in die Kerch
Enuf uf de Remigiusberg. –

Ganz owe in de *nördlich Palz*
Do war de Disibodus als,
Un alle Leit hat's glei gefall,
Wie der e Preddigt hat gehall.
Noch heitzuda' bliht dort erum
E prima, prima Chrischtedum.

In *Bermesenz* hat unnerdeß
De alt Perminius geseß.
Der hat e sauer Amt gehat
In dere beese Schlappestadt,
Der hat de ganze Da' gelehrt
Un 's Evangelium erklärt
Un hat gepreddigt und gebet
Vun morjens frih bis owends spät
Un hat geredt als wie e Engel;
's hat nix geholf bei dene Bengel,
Sie hannem[1] fascht nit zugeheert
Un nor e paar han sich bekehrt. –
A heit noch sin die Bermesenzer
Die allergreeschte Kercheschwenzer
Un 's kann kee Deiwel unnerscheide:
Sin's Chrischte oder sin's noch Heide? –

[1] haben ihm

Sunscht is die Palz, wie schun gesat,
E frommer, religieeser Staat,
Wo jedi Fraa un jeder Mann
Sei Bibel ausewendig kann
Und wo mer noch e Lewe fihrt,
Wie sich's for Chrischteleit gebihrt.

Un wer's nit glaabt, dem schlechte Tropp,
Schla' ich e Knippel an de Kopp.

12

Die Hunne

Ich bin soviel wie selte enner
Gereest in annre Herre Länner:
In Rußland, England, Portegal,
Do war ich eich schun iwerall,
Selbscht bei de Lappe und de Finne,
In Spanie un im Balkan hinne.
Doch wann ich heem komm, sa' ich als:
„Am liebschte han ich doch mei Palz!"
Dann unser Palz, die is viel schenner
Als wie die annre Herre Länner,
So freindlich, lieblich un so kleen,
Ach Gott! Was is mei Palz so scheen! –

Doch friher in der alte Zeit,
Do war's viel schenner noch wie heit,
Do hat mer in de ganze Welt
Vun unsre scheene Palz verzählt.
Sogar in Asie die Heide
Die han so ebbes heere laite,

Daß unser Palz e Ländche is,
Als wie es reinschte Paradies. --

Besunners han die Hunne all
E Neid gehat ganz kolossal,
Dann in dem alte Hunnelann
Hat's mit de Scheenheet schlecht gestann. –

De Hunnekeenig hat a ball
E Volksversammlung abgehall
Un jeder stimmberechtigt Hunn
Hat sich do dapper[1] ingefunn. –

De Keenig halt e langi Red,
Daß em sei Land nit basse dät,
Un 's wär es allerbescht am End,
Wammer[2] die *Palz* erowre[3] kennt.

So hat de Keenig Sprich geriss',
Als wär die Sach schun ganz gewiß,
Die Hunne awer han ganz wild
In eemfort Beifall als gebrillt.

Un werklich! 's hat nit lang gewährt,
Do sin se fort uf ihre Perd
Aus ihrem alte Hunnelann
Mit sechsmol hunnertdausend Mann
Un sin gesprengt un sin galeppert,
Daß schtunneweit de Boddem scheppert. –

Es war e wiescht un grußlich Bild,
Das Hunnechores, braun un wild,

[1] rasch (tapfer) [2] wenn man [3] erobern

Mit krumme Been und dicke Häls
Un um de Bauch e Bärebelz
Un schwarze Hoor mit Fleh un Lais'
Un Zähn wie Elfebeen so weiß;
Die Aa'e[1] ware schief geschlitzt
Un han abscheilich wiescht geblitzt.

Mit Riewe han se sich genährt
Un mit em Fleesch vun dote Perd,
Das han se roh un ungekloppt
Sich in ehr Baich eningestoppt:
So is das Heer erumgewusselt
Un 's hat ehm ganz devor gegrusselt. –

So sin se iwer Kopp un Hals
Druflos galeppert in die Palz.
Un werklich! Imme[2] Verteljohr,
Do stehn se a schun grad devor.
Am Rheinstrom uf de badisch Seit,
Dort, wo vielleicht jetzt – Mannem[3] leit.

Do kreischen se vergniegt un froh:
„Hurrah! Die Palz, do leit se jo!
Bis morje heert se uns, de Hunne,
Vun Worms bis Lauderborg do unne,
Die werd erowert schnell un fix,
Die Pälzer wisse jo vun nix,
Dann denne fallt's im Traam nit in,
Deß mer jetzt schun in Mannem sin."

[1] Augen [2] in einem [3] Mannheim

Die Pälzer awer han halt doch
De Lunte vorher schun geroch
Un lei'e fleißig Da' un Nacht
Am Rhein behutsam uf der Wacht
Un han gelauschtert un gespäht,
For daß jo nix bassiere dät. – –

„O weh! Do guck emol eniwer,
Die Hunne schwimme schun eriwer!“

Do war im Rheinstrom e Gewimmel
Vun Rappe, Braune, Fix un Schimmel,
Un e Gezawwel hat's do gebb,
Als wär's e Pitsch[1] voll Mollekepp[2].

Un wie die wilde Hunneschare
Schun fascht am Ufer hiwe ware,
Do han die Pälzer angefang
Un kreische laut ehr Schlachtgesang.
Das hat gedunnert un gebraust,
Als wenn e Strom do anne saust.

Un iwerdem, da krawwelt schun
Ans Land eraus de vorderscht Hunn. –

„Jetzt ufgebaßt, ehr Pälzer Leit!
Die Waffe her! 's is heechschti Zeit!
Eich Hunneknoche, eich Halunke,
Eich werre mer ins Wasser tunke!

[1] Pfütze [2] Kaulquappen

Jetzt druf gepeffert un geschoss'
Un nix wie vorwärts! Fescht druf los!

Un gut gezielt, kee Schuß denewe,
Hurrah! Die Palz, die Palz soll lewe!" –

Schwupp! Sause dausend Pälzer Lanze
De Hunne in ehr dicke Ranze.

Do sin se dausendweis versoff,
Dann jeder Schuß, der hat getroff.
Un jeder Pfeil, wo losgang is,
Der hat e Hunn eweckgeriss'.

Do is de Rhein acht Stunne lang
Mit dote Gail un Leiche gang
Un 's Wasser war bis Rotterdam
So rot als wie e Gockelskamm.

So han die Hunne Blut verspritzt
Un hat se doch kee Knopp genitzt:

Dann was vun dere Hunneschar
An Leit und Gail noch iwrig war,
Hat kehrtgemacht un is devunn.
Un war in Ewigkeet verschwunn.

Die han Reschpekt un Angscht bis heit
Vor Pälzer Faischt un Pälzer Schneid. –

Nor eens is, was mich stutzig macht
An dere ganze Hunneschlacht:

Daß mer sunscht gar nix devun heert,
A in de Schul werd nix gelehrt,
A im Geschichtsbuch steht nix drin;
Un doch muß es so zugang sin,
Wie ich's verzählt han alleweil[1].
Millioneherrschaftdunnerkeil!

Das kann doch gar nit meeglich sin,
Daß ich do selbscht im Errdum[2] bin,
Wann's nit am End vun doher käm,
Daß ich als nachts so deitlich träm[3]."

[1] soeben [2] Irrtum [3] träume

13

Siegfried, de Dracheteeter

Ich bin jo e solider Mann
Un trink so wenig, wie ich kann,
Un heechschtens zweemol als im Johr,
Do kommt bei meer e Dampes[1] vor:
De een Rausch han ich uf de Kerb[2],
So bleibt's a, bis ich endlich sterb:
De anner Dampes stellt sich in,
Wann ich als uf 'em Worschtmark[3] bin.
Do werd gesoff, gekrisch, gelacht
Un kolossal viel Spaß gemacht.
Ei jo! Schun ganz in alter Zeit
Wars dort so luschtig als wie heit,
Vor dausend Johr war dort schun als
De Treffpunkt vun de ganze Palz. –

[1] Rausch [2] Kirchweih [3] Pfälzisches Volksfest in Bad Dürkheim

Nor eemol, seit das Fescht besteht,
Do is e Steerung ingetret',
Un das war so: Am Drachefels
Ganz tief im dunkelschte Gehelz
Hat zwische Hecke und Gestripp
E Drache sich erumgetribb.

Der war ganz grußlich anzesiehn:
Sei Schuppe ware bloo un grin,
Sei Aa'e han ganz grell geflimmert
Un scheißlich aus em Kopp geschimmert;
De Odem aus seim Naseloch
War feirig un hat wiescht geroch,
Sei Zung war vorre nodelspitz
Un hat gezingelt wie de Blitz,
Un was em in de Weg komm is,
Das hat er dapper dotgebiß;
A Mensche hat er als verzehrt
Un hat sich gar nit schlecht genährt. – –

's war widder Worschtmarkt. Un e Truwel,
E Kreische, Johle un e Juwel,
E Laafe, Renne un Geriß
Noch ärger, wie's gewehnlich is,
Dann dies Johr hat's e „Neie“ gebb,
der stei't so arig in die Kepp. –

Uf eemol gebt's am erschte Disch
E Quiexe un e Angschtgekrisch
Un glei druf sieht mer alles renne,
Heert Weiber heile, Kinner flenne,
Un alles wimmelt, wusselt, zawwelt, – –
Dann vorre dorch de Ingang krawwelt

Das Dracheviech un spauzt un glotzt,
Daß 's Herz em in die Hosse plotzt.

De Drache awer schert sich nix
Um all das Kreische un Gequiex,
Un krawwelt langsam dorch die Bänk
Bis vorre anne an die Schänk.

Dann fangt er an un hat gefreß,
Was do gelee hat, Brot un Kees
Und dann den ganze Haufe Werscht,
Wo grad frisch ankumm ware erscht;
Acht Zentner Werscht sin do verschwunn,
In Zeit vun *eener* Vertelstunn.

Wie nix meh do war, dut der Drache
Sich widder uf de Heemweg mache
Un krawwelt langsam dorch die Deer,
Als ob das alle Da' so wär,

Un weiter uf de Drachefels
Un le't sich schlofe ins Gehelz. –

So zwee Stunn nochher ungefähr
Kummt e Gesellschaft Herre her
Vun Worms eriwer froh und frisch,
Un hocke sich glei an de Disch.

De een, e scheener, starker Mann,
Der ruft: „Kann ich e ‚Neie' han?
Ich will zwee Schobbe, ich han Dorscht,
Un dann noch drei Pund Knowlochsworscht!"

Do sa't de Wert: „Es dut mer leed,
Sie komme grad zwee Stunn ze spät;
E ganz abscheilich wieschter Drache
Mit lange Fangzähn in seim Rache
Is in mei Wertschaft ingedrung
Un hat mer all mei Werscht verschlung."

„Was?" kreischt der Herr, „wo is der Drache?
Dem Kerl werr ich de Garaus mache,
Heit muß er noch kapores sin,
So wohr, als ich de *Siegfried* bin!"

Do sa't de Wert: „Am Drachefels,
Do leit er als in dem Gehelz." –

Do is de Siegfried uffgestann
Un glei enaus, so schnell er kann.

Uf eemol sieht er aus de Felse
De Drache sich erunnerwälze.
Der zischt und macht e Mordsgespauz
Un Feier fahrt aus seiner Schnauz
Un reißt sei Maul uf riesegroß.

Do sterzt de Siegfried uf en los
Un stoßt dem ferchterliche Drache
'es Schwert ehinner in de Rache,
Dann rennt er'm[1] noch e langi Lanz
Zwee Meter in sei dicker Panz.

[1] er ihm

Do macht der Drache noch e Satz
Un deewelt[1] witig mit de Tatz,
Sei Aa'e werre stier wie Glas,
Dann sinkt er langsam dot ins Gras. – –

Das war e Heldedat, ehr Leit;
Die greescht bis uf die heitig Zeit.

Un seitdem is vun Johr zu Johr
De Worschtmark *als* fideler worr,

Weil mer kee Angscht meh braucht zu han,
Daß so e Drache kumme kann. –

Zwar trefft noch heit de Fall als in,
Daß gar kee Werscht meh iwrig sin,
Doch *das* is sicher un gewiß,
Daß do kee *Drache* schuld dran is.

[1] pfötelt

14

De Kaiser Barbarossa

Der Trifels, das war friher als
Die scheenscht Borg vun der ganze Palz,
Un Keller ware unnerm Schloß,
Mit Fässer drin ganz schrecklich groß,
Viel kolossaler un viel ärger
Als wie es große Heidelberger.
Un all der Wein un 's ganze Schloß aa,
Das war em Kaiser Barbarossa. –
Der hat als jeden Da' genunk
Vun all dem gute Wein getrunk,
Un sei Minischter un die Ferschte
Han aa geheerig helfe berschte,
Un alles war voll Freelichkeet
Un ganz voll Glick un Seligkeet. –

Uf eemol is vum Pabscht aus Rom
E Briefche uf de Trifels komm.

Un in dem Brief hat dringestann,
Die Sauferei wär Sind un Schann,
De Barbarossa soll sich schämme
Un mißt e Kreizzug unnernemme;
Er hät schun Dreck genunk am Stecke. –
Ehr liewe Leit! – Das war e Schrecke!

Do hat de Kaiser wiescht geschännt,
Wie mer 'ne so behannle kennt,
Is awer doch die anner Woch
Mit seine Truppe ufgebroch
Zum Kreizzug ins gelobte Lann
Mit meh als fufzigdausend Mann. – –

Uf dere ganze lange Rees
War's Wetter alsfort schrecklich heeß,
E Daiwelshitz als wie zum Brote;
De Rotbart hat geschwitzt no' Note
Un war schun halwer ausgederrt
Un wie e Quetsch[1] ganz ingeschnerrt[2]
Un sat: „Ich gäb die Welt drum her,
Wann ich jetzt uf em Trifels wär;
Do wär ich unne in meim Keller
Bei zwee, drei Schöppcher Muschkadeller –

Ich weeß jetzt, was ich du': Heit nacht
Do werd sich aus em Staab gemacht,
Weil ich so arig Heemweh han,
Daß ich's halt net verwinne kann."

[1] Zwetsche [2] eingeschnurrt

Un werklich! Um die Geeschterstunn
Do is er uf un is devun
Un is galeppert uf seim Perd,
Dann's Heemweh hat en fascht verzehrt.
Und no zwee Woche hechschtefalls,
Do war er widder in der Palz.

Ach Gott! Wie hat er sich gefreet,
Wie do sei Trifels vorrem[1] steht!
Im Herze war er ganz gerihrt
Un is sofort enufmarschiert
Un glei enunner in de Keller
Un zappt e Schoppe Muschkadeller.

Un alsfort zappt er frisch und zäppelt
Un luscht un schlorpst[2] un trinkt un schöppelt.
Sei Dorscht heert immer noch nit uf,
Un alsfort setzt er noch eens druf. –

Heit hockt de Rotbart immer noch
Do unne in seim Kellerloch
Dief mitte drin im Trifelsberg;
Hat niemand bei sich als e Zwerg,
Dem er vun Zeit zu Zeit als winkt,
Daß er e neier Schoppe bringt. –

Sei roter Bart, der ist em stracks
Dorch die ganz Dischplatt dorchgewachs,
Weil er zu keem Balwierer geht,
Wo em de Vollbart stutze dät. –

[1] vor ihm [2] schlürft

Erscht wann de Kaiser jedes Faß
Ganz ausgeberscht hat, Glas for Glas,
Dann ist sei Riesedorscht erscht aus,
Dann stei't er aus em Berg eraus. –

Ach Gott! Ich dät em jo am End
Ganz geere helfe, wann ich kennt! –
Am ganze Bergklotz han ich schun
Erumgesucht un nix gefunn,
Sogar als nachts schun no de zwelfe,
Daß ich en kennt erleese helfe.

Doch, liewer Gott, das is halt schwer,
Mer find't halt gar kee Kellerdeer!

15

De Kaiser Rudolf vun Habsborg

Es ist schun zwanzig Johr jetz grad,
War ich in Germerschem[1] Soldat.
Was war ich do e scheener Borsch!
Stramm, schneidig, elegant un forsch;
Es bescht[2] im ganze Regiment
Han ich Parademarsch gekennt
Un han die Wade dorchgepreßt,
Das is e wohrer Staat gewest. –

Un alle Mäd in dere Stadt
Han sich in mich verliebt gehat. –

Un 's hätt mer drum beim Militär
Recht gut gefall, wann eens nit wär:
Das Germerschem hat halt sei Hooke,
Das sin die Dunnerwetters-Schnooke[3].

[1] Germersheim [2] am besten [3] Schnaken

De Guckuck hol das Lumbeneschct,
Die Krach soll's krie'e un die Peschct!
Selbscht wann ich wißt, daß ich am End
E reicher Mann dort werre kennt,
Dort dät ich *doch* nit wohne bleiwe,
Die Schnooke däte mich vertreiwe. –

Ja, wann in Germerschem nor sunscht
Was los wär, Wissenschaft un Kunscht,
E scheeni Gegend, scheene Wälder,
E hoher Berg un scheene Felder –
Nix, gar nix sieht mer vun dem all,
Nor Sand un Hecke iwerall!

De Rhein?! – Na jo, de Rhein, der is
E scheener Fluß for ganz gewiß,
Wie halt die große Fliß so sin,
Es ist halt recht viel Wasser drin. –

Dann sin jo e paar Wälder do,
Die sin halt awer a deno[1]!
Nix als wie lauter derre, lange
Un gaageliche[2] Forlestange. –

Korzum! Ich krie' als fascht die Kränk,
Wann ich an Germerschem nor denk. –
Drum kommt mer's als ganz spassig vor,
Doß so vor siwehunnert Johr
Die miserabel Schnookestadt
E Kaiserschloß als hat gehat.

[1] danach [2] gaukelnd (schwankend)

Nee, ganz gewiß! Uf gar kee Fall
Hätt ich mich do als ufgehall,
Wann ich de Kaiser wär gewest –
Un doch –, wammer die Biecher lest,
Dann sieht mer, daß als dort sogar
De Kaiser Rudolf Stammgascht war.

Bei meiner Seel! Do meent mer schun,
Der hätt e bisselche gespunn. –
Als wammer nit viel scheenre Städt
In unserm Pälzerländche hätt!
Im Westrich, so bei *Kusel* hinne,
Do kann kee Mensch kee Schnooke finne.
Was schloft mer dort so gut un fescht,
Weil em kee Schnook de Kopp verstecht! –

Im Germerschem dagege sin
In jeder Schlofstub Schnooke drin. –
Kaum lei't mer owends in seim Bett
Un 's werd allmählich warm un nett
Un steckt grad so behaglich drin
Un dusselt so un schloft ball in.

Uf emol! Owe an de Deck,
Do peift e Schnook noch weit eweck;
Aha! Jetzt horch! Jetzt meent mer jo,
Sie käm erunnerzus geflo'.
O weh! Mer meent, sie dät mich schmacke
Un wollt erunner uf mein Backe;
Nee, halt, paß uf! Jetzt kommt mer's vor,
Als wollt se liewer uf mei Ohr –
Fui Daiwel! So e wiescht Gesaisel,
Do kommt mer scheißlich aus 'em Haisel.

Jetzt hockt se awer! Druff! Un platsch! –
Das war emol e feschti Batsch! –

Die Schnook flie't fort un singt ehr Lied
Un ich – ich han die Ohrfeig krie't. –

So zwee Minute dauert's bloß,
Do geht die Sach vun vorre los,
So daß mer fascht verzwazzle kennt,
Millioneheiligsaprament!
Wer do gemietlich schlofe kann,
Muß Nerve wie vun Baschtstrick han. –

O armer Kaiser Rudolf! Gelt,
So haschde der 's nit vorgestellt?
Sunscht häschde[1] in *die* Schnookekaut[2]
Kee Kaiserschloß eningebaut!
Dich han die Schnooke doch gewiß
So gut wie annre Leit verbiß!
Die steche ohne Unnerschied
Sogar ins ferschtliche Geblit,
Dann Baure- oder Ferschteblut
Schmackt eens wie's anner grad so gut. –

Doch Spaß beiseit! De Kaiser hat
Viel ausgehall in dere Stadt:
Die Schnooke hannem[3] jedi Nacht
E luschtig Peifkunzert gemacht,
Un hannem *so* de Kopp verbiß,
Daß er ganz matt un krank worr is.

[1] hättest du [2] Schnakenhöhle [3] haben ihm

Was hat der arem, arem Mann
Do als for Quale ausgestann!
Bei Nacht kee Schlof! Am Da' kee Ruh
Un Ärger un Verdruß dezu.
Do war 's erum mit seiner Kraft,
Er hat jetzt gar nix meh geschafft
Als Schach gespielt un alsfort Schach,
„Am Geiste stark, am Körper schwach."

Un 's währt noch e paar Woche lang,
Do is es abwärts mit em gang
Un endlich ame scheene Morje
War er erleest vun seine Sorje. –
Im Dom zu Speyer han se dann
Begrab den arme, arme Mann.

Do sieht doch jeder Schofkopp in,
Wie schädlich als die Schnooke sin.
Drum mecht ich nit for finf Millione
In Germerschem dovorre wohne,
Sunscht wär ich schun in eener Woch
Vun dene Schnooke dotgestoch;
Un das wär werklich nit zum lache:
Do kennt' ich jo kee Vers' meh mache.

16

De Ruprecht vun de Palz

Ich han e Freind, e braver Mann,
Wie mer keen bravre denke kann.
Een Fehler awer hat er halt,
Der wo mer gar nit recht gefallt:
Er is e Zwockel[1] – rasseecht,
Der miserawel Kerl, der schlecht.
Mit dem, do kreisch un streit' ich als
In eemfort iwer unser Palz.

So hat er geschtern breet un lang
'es Dischbutiere angefang',
Es wär noch nie im Pälzerlann
E großi Ferschtlichkeet[2] erstann'.

„Was!?" sa' ich do, „halt doch dei Schnut!
Mer meent, dir wär's im Kopp nit gut;

[1] Kosenamen für „Altbayer" [2] Fürstlichkeit

Vun unsere Ferschte allminanner
War eener greeßer wie de anner.

Der Palzgraf Ruprecht war e Ferscht,
Der hat ganz wunnerbar geherrscht:
Die Landwertschaft war flott im Stand,
'es Handwerk hat gebliht im Land,
'es ganze Volk in Dorf un Stadt
War glicklich un hat Geld gehat.

Korzum! Bei dere Bolidik
War's Lewe in de Palz e Glick. – –

Doch, leeder Gottes, war's halt bloß
In unsrer *Palz* so tadellos;
Im ann're Deitschland iweral[1]
War Dorchenanner un Skandal.

Warum? – Die ann're Ferschte han
Vum Ferschtehandwerk nix verstann.

Un erscht der Kaiser Wenzislaus!
Der war e Lump bis dortenaus
Un hat gesoff als wie e Pol
Bier, Wein un Schnaps un Alkohol;
Die Gelder vun seim ganze Staat
Hat er die Gorjel[2] dorchgeja't
Un hat sein ganze Staatskredit
Un 's Biddschee[3] oftmols iwerschritt. –

[1] überall [2] Gurgel [3] Budget

Do han sich, 's war schun fascht zu spät,
Die Ferschte in den Dreck gele't
Un han nit lang erumgeschwätzt
Un han de Kaiser *abgesetzt.* –

De Erzbischof vun Määnz[1] is dann
In der Versammlung ufgestann
Un halt e scheeni Red un sa't:
‚'s is klor, daß unser deitscher Staat
E ganz e neier Kaiser braucht,
Der wo a werklich ebbes daugt;
Hell muß er sin im Kopp un fleißig
Un immer sei finf Sinne bei sich,
Geld muß er han im Beitel drin,
Mit *eem* Wort: 's muß e *Pälzer* sin!
Drum is mei Meenung, liewe Herre,
De *Palzgraf* soll jetz Kaiser werre.' –

Do han die Ferschte glei mit Schwung
E ‚Hoch' un ‚Hurrah' ausgebrung
Un 's Volk draus in der ganze Stadt,
Das hat e Riesefreed[2] gehat
Un war begeeschtert un so froh,
Als käm' der Zeppelin geflo'. – –

Es is e Glick vor jeden Staat,
Wann er e *Pälzer* Kaiser hat.
So war's a do: bums, war's vorbei
Mit dere alde Schlamperei.

[1] Mainz [2] Riesenfreude

Kuldur un Kunscht sin ufgebliht
Un han e neier Schwuppdig kriet,
Die Wertschaft un die Staatsfinanze
De sin gewachs wie Welschkornpflanze,
Un eher als mer glaawe soll,
Do war die Kass' geschwabbelt voll.
Korzum! De Ruprecht, der hat Schwung
Un Pälzer Schneid eningebrung.

Dann is er no'[1] Italie gang'
Un hat e Krieg dort angefang'
Un hat das Italienerpack
Verdrosch, als wär's e Lumbesack.

„Halt!" sa't mei Zwockel do un guckt,
„Du lügscht jo grad als wie gedruckt,
Den Krieg, den hat er jo verlor',
Do wett' ich zwanzig Mark defor!"

„Was!?" sa' ich, „alter Zwockelfreind,
Du bischt meschugge, wie mer's scheint.
Sa', was versteht dann so e Wicht
Wie du vun *Pälzer Weltgeschicht?!*"

[1] nach

17

Die pälzisch Kuldur im Mittelalter[1]

Was war in alte Zeite als
E prächtig Lewe in de Palz;
Do war die Palz e mächt'ger *Staat*
Un hat e *Korferscht* als gehat.
Die Palz war domols mächtig groß
Un nit e kleener Placke bloß.
Do war se groß un breet un lang
Un is fascht uf kee Landkart gang. –

Ich wollt, ich wär aus seller Zeit
Un nit vun geschtern oder heit,
Dann 's is nimmi de alt Reschpekt,
So wie mer'n friher hat erweckt;
So is mer neilich was bassiert,
Das hat mich ferchterlich scheniert:

[1] Verfaßt für ein vaterländisches Schülerfest der „Realanstalt am Donnersberg"

Im Wertshaus war e Disch voll Preiße;
Ich stell mich vor un hock mich bei se
Un fang so mit 'ne an zu plaudre
Un red, wie mer so red um Lautre[1],
Mei echte Pälzer Muddersprooch;
Dann selli hall ich immer hoch.

Uf eemol merk ich, wie die lache
Un iwer mich sich luschtig mache
Un heemlich unnerm Disch sich stumpe
Die miserawle, schlechte Lumbe.

Do bin ich wild worr wie e Drache:
„Ruhig do mit eierm dumme Lache!
Ehr meene scheint's, die Pälzer Sprooch
Steht eierm dumme Hochdeitsch nooch;
Fui Daiwel! Hochdeitsch hat kee Kraft
Un hat kee Schmalz un hat kee Saft:

Bei eich gebt's ‚Wurst', bei uns gebt's ‚Worscht',
Bei *eich* gebt's ‚Durst', un *meer* han ‚Dorscht',

Die *Pälzer* Sprooch, das is die richtig,
'es Hochdeitsch is nit halb so wichtig."

Un han mei Gläs'che ausgepetzt,
Bezahlt, de Deckel ufgesetzt
Un bin dann mit verletzter Ehr
Enaus uf Nimmiwidderkehr. –

[1] Kaiserslautern

Jetzt fro[1] ich eich, ehr liewe Leit:
War das a so in *alter* Zeit,
Daß mer e brave Pälzer Mann
So *mer* nix, *der* nix uhze[2] kann?

Nee, das war ganz gewiß net so,
For des war unser Korferscht do;
Wann der so ebbes hätt geheert,
Do hätt er glei' de Krieg erklärt.

Drum han die Pälzer seller Zeit
Noch meh Reschpekt genoss' wie heit. – –

A we'e annre Sache kann
Ich stolz sin als e Pälzer Mann:
Die Wissenschafte un die Kunscht
Die han gebliht wie nerjends sunscht;
Das lei't halt so im Pälzer Blut,
Daß mer so Sache treiwe dut.
In dere Universität,
Wo jetzt in Heidelberg noch steht,
Do kannschde lerne, was de willscht,
Daß de dei Wissensdorscht der stillscht:
Lateinisch, Griechisch un Bodanik,
Hebräisch, Englisch un Meschanik,
Franzeesisch, Logik, Mathematik,
Schemie, Pilosofie, Pisik
Un wie das *Lumbezeig* all heeßt,
Wo do als de Professer lest.

[1] frage [2] necken

Un grad so war's a mit de Kunscht,
Die war bei uns als hoch in Gunscht;
Do braucht mer bloß erumzugehn,
Was do for scheene Baude schtehn.
Do sammelt sich als massehaft
'es Künschtlervolk un guckt un gafft
Un ziecht sei Schkizzebuch eraus
Un benselt[1] der bis dort enaus
Un is ganz ferchterlich verwunnert,
Was *mer* vor finf bis sechs Johrhunnert
In unserer kunstgeiebten Palz
Schun sellemols geleischt han als. –

Mer sieht halt: Schun in alter Zeit
Do war mer in de Palz gescheit
Un das hat bei uns Pälzer a
Sich fortgeerbt bis heitzeda'. – –

Doch muß ich a die Schaddeseite
Verzähle vun de alte Zeite.
Es is jo manches heit doch besser;
Do ware uf de Berg noch Schlesser,
Do han die Ritter drin gesess'
Un han getrunk und han als gess',
Gesung, gekartelt un getruwelt
Un kolossal viel Geld verjuwelt.

Uf eemol war no' all dem Spaß
Kee Penning Geld meh in de Kass'.

[1] pinselt

Doch des, das war de Ritter schnuppe;
Glei sin se fort mit ihre Truppe
Un han 'es nächschte Dorf geplinnert
Un niemand hat se dran gehinnert.

Dem *eene* han die schlechte Dieb
E fetti Kuh eweggetribb,
Dem han se e Faß Wein geschtribbst
Un han sich eener angeschwibbst.

Die Hinkel, Schoof, die Sai un Geeße
Die han se fascht all mitgehn heeße.
Es Weißkraut, Wersching, Blumekohl,
Das han se waggonweis' gestohl.

Beim *Metzger* han die Mordshalunke
Die Werscht geschtrenzt[1] un all die Schunke.
Beim *Bäcker* sin se ingedrung
Un hannem all die Weck verschlung.

Dann sin se noch ins Hinkelhaus
Un hewe[2] do die Eier aus
Un han se all eweggeschmuggelt,
Zum große Dääl glei' ausgesuckelt[3]. –

Ach liewer Gott! Die arme Baure,
Die kenne em jo heit noch daure,
Es war halt doch e schlimmi Zeit
For unser Pälzer Bauerschleit. – –

[1] gestohlen [2] heben [3] ausgesogen

Wie hat mer's heit doch so gemietlich!
Heit lebt mer ruhig, still un friedlich
Un hockt im Winter hinnerm Owe[1]
Un raacht sei alter Duwackskloowe.

Un denkt sich dann im stille als:
Ich han dich lieb, *mei scheeni Palz.*

[1] Ofen

18

Die Belagerung vun ere Pälzer Stadt im Mittelalter[1]

Im Alterdum hat jedi Stadt
E Feschtungsmauer als gehat
Mit Zinne, Term un Baschtione
Un Löcher for die Schießkanone,
E Wassergrawe vorreher;
Wann's Friede war, do war er leer,
Wanns's awer Krieg war, war er voll,
For daß de Feind versaufe soll!

Dann so e echti Pälzer Stadt,
Die hat fascht immer Krach gehat,
Do is als fascht kee Johr vergang,
Wo se kee Krieg han angefang.

Kaum war die Kriegserklärung do,
Do sin se schun enaus gezo'

[1] Verfaßt für ein vaterländisches Schülerfest der „Realanstalt am Donnersberg"

Mit Flinte, Morjestern un Säwel
Un allerhand so Schlachtemöwel.
Mit Flitzeboge un mit Peiler,
Mit Hellebarde un mit Beiler,
Mit Spieß' un Lanze, krumm un schepp,
Un mit Kanone, Katzekepp,
Mit Sense, Knippel, Partisane,
Mit Mussik vorredran un Fahne. – –

Die feindlich Stadt lei't dief im Schlof,
Nix re't[1] sich meh in Haus un Hof
Un langsam schleicht de Mond un sacht
Am Himmel anne dorch die Nacht
Un werft sei Licht wie Schnee so weech
Uf Wälder, Wiese, Weg un Steg.

Un nor de Wächter is noch wach
Im Stibbche unnerm Kerchtormdach,
Guckt als emol ins Feld enaus,
Ob alles sauber is do draus:

„Was glänzt dann dort am Wald so hell?
Was huscht dort hin un her so schnell?

Was sieht mer dort im Mondschein blitze
Wie Säwel un wie Lanzespitze!?"

Das is de Feind! – Glei lait[2] er Storm
Erunner vun seim Kerchetorm.

[1] regt [2] läutet

„Eraus, ehr Berjer[1]! Zinft[2] eraus!
Der Feind schteht schun am Grawe draus.
Eraus, ehr Schneider un Balwierer,
Ehr Schlosser, Moler un Lackierer,
Eraus, ehr Schreiner, Leinewewer,
Ehr Kannegießer, Dodegräwer,
Ehr Bäcker, Schuschder, Metzger, Zwicker,
Ehr Berschtebinner, Panneflicker,
Eraus, wer Ärm un Waffe hat,
De Feind umzingelt schun die Stadt!"

Do gebt's Lewe un e Lärme,
Als wann e Bieneschtock dät schwärme,
Das laaft un wimmelt, kreischt un rennt
un brillt un dobt un flucht un schännt. –

's is höchschti Zeit! Im Wassergrawe
Schwimmt schun de Feind, mer sollt's nit glaawe;
Jetz schtellt er schun die Leetre uf
Un krawwelt dapper dran enuf.

Doch jetz geht's los! Dann uf de Mauer
Do lei'e[3] se schun uf de Lauer.
Die Säwel klappre, Lanze zische,
Pischtole knalle als dezwische,
Die Steen, die rass'le uf die Schilder
Un 's Kampfgekrisch werd immer wilder,
Die Armbruscht schnerrt, die Kugle sause,
's gebt Löcher in die Kepp un Bause[4]

[1] Bürger [2] Zünfte [3] liegen [4] Beulen

Un, krach, do saust e Morjestern
'me feindliche Soldat ufs Hern. –
O weh! Do vorre, do steht's schlecht,
Do sin die *Schneider* im Gefecht;
De Feind kummt schun erufgekrawwelt,
Die Schneiderzunft steht do un zawwelt.

„Ehr Schneider, alleweil geht's schepp[1]!
Nix wie heeß Wasser uf die Kepp
Un flissig Pech druf!" – Doch was batt's[2]?!
Der Feind, der krawwelt wie e Katz,
E Satz! – do steht er uf de Zinne,
Vor sich die Schneider nor besinne.

„Ehr Metzger! Jetzt enaus zum Dor,
Sunscht is die Schneiderzunft verlor.
Nor los wie siwwezig! Nor druf!
Mit Knippel uf die Kepp enuf!"

Es Dor springt uf. – Die Feind, die weiche,
Wie nor die Metzger „Hurrah" kreische,
Die hinneher als wie's Gewitter
Un schla'n un stechen alles nidder. –

Jetz stermen aus 'em annre Dor
Die Bäcker un die Schlosser vor
Mit Knippel, Sense un mit Stecke,
Do krie'n die Feind e großer Schrecke
Un mache kehrt un laafe, renne

[1] schief [2] nützt's

Un hupse[1], was se hupse kenne;
Un in de nächschte Vertelstunn
Do sin schun all die Feind verschwunn.

Jetzt werd e Fäßche angestoch
Un „Hurrah“ kreische se un „Hoch“,
Un Kappe schwenke se un Diecher[2]
Un fiehle sich so recht als Sieger. –

Am lautschte sin die Schneidersleit,
Die kreische wie nit recht gescheit:

„Ja, wann die Schneiderzunft nit wär,
Meer sin alleen am Sieg schuld, meer!“

[1] hüpfen [2] Tücher

19

Hexebrenne

Das, was ich jetzt verzähle muß,
Das is kee Schwinnel odder Stuß;
Beleiwe nee! so wie ich's sa',
So hat sich's werklich zugetra'. –

Die Sach war so: 's is ungefähr
E Sticker finf Johrhunnert her,
Do han uf eemol alle Männer
In alle Staate, alle Länner
Vun Spanie bis no Rußland hinne
ganz scheißlich angefang zu spinne:

Mit stiere Aage un Grimasse
Sin alle Mannsleit u de Gasse

Un uf de Plätz erumgesprung
Un han gekrisch un han gesung:
„Hui, hui! Ehr Mannsleit, bassen acht
Uf eier Seel un Leiwer!
De Deiwel danzt als in der Nacht
Mit eire Mäd un Weiwer. –
Das Hexepack im eigne Haus,
Das liwwert[1] eich em Satan aus
Un ihr gehn all kapores. – –
O schlechtes Weiwerchores!“
So han die Mannsleit Dag un Nacht
Gegröhlt, gekrisch un Krach gemacht,
Die Sturmglock hat gelait wie wild
Un dozu han se als gebrillt:

„Eich Hexebrut un Lumbezeig,
Eich geht's jetzt an de Krutze.
Mer brote un verbrennen eich,
Eich Luder, eich nixnutze. –
Kee Scheenheet helft eich, kee Gestalt –
Ob blund, ob schwarz, ob jung, ob alt,
Mer schmeißen eich ins Feier,
Eich schlechte Ungeheier!“

Son han die Kerls *als* fortgesung
Un schauerlich hat's als geklung:

„Das Weiwerpack werd ausgerott
Mit Messer, Spieß' un Zange;
Verquetsche dummer's[2] wie e Krott

[1] liefert [2] tun wir's

Un wie die giftge Schlange,
De Deiwel krallt sich in ihr Zöpp
Un in ihr Zwiwwle[1] uf de Köpp

Un schmeißt se in die Flamme,
Die Mäd un die Madame."
Ehr Leit, do merkt mer doch sofort
An jedem Sätzche, jedem Wort:
Das do is närrisch, is verrickt,
Dollwietig, bleed und herngepickt,
E Wahnsinn is es ungeheier! –
Ich leg mei Hand defor ins Feier
Un leischt' e Eid druf korz und knapp:
„Es *gebbt* kee Hexe!" – Fertig – ab!

Ich war doch fascht in alle Länner
Un sein e prima Weiberkenner
Sein – sozusa'[2] – e Mann vum Fach.
Un wann ich die Behauptung mach:
„Es *gebbt* kee Hex", dann stimmt das a. –

Millioneherrschaftdunnerschda!
Wer trotzdem noch an Hexe glaabt,
Der is blemblem[3] un hernverstaabt[4]. – –

Doch han se domols massehaft
Die Weiwer un die Mäd verhaft
Un han se vor Gericht gestellt,
Verschla', gefoltert un gequält,

[1] Zwiebeln [2] sozusagen [3] närrisch [4] hirnverstaubt

Gepeitscht, gepiesackt un gehetzt,
Gegiegst, gemartert un gepetzt
Un dann – ehr Leit, gell dumer's[1] schenke –
's is schrecklich, norre dran zu denke,
Wie do die Mädcher un Madame
Han brotzle[2] misse in de Flamme. –

Ich weeß, ehr Leit, das heert sich an
Als wie e wieschter Schundroman.
Un wann ich's nit beweise kennt
Aus dicke, alte Aktebänd,
Ich selbscht dät san: „Das is nit wohr,
So ebbes kommt bei uns nit vor."

Un doch is wohr! 's is nix ersunn,
Die Mannsleit domols han gespunn,
Sunscht hät doch so e Hexebrenne
Bei uns niemols bassiere kenne. –

Doch Narrheet hin un Narrheet her!
Die Sach war scheißlich ordinär,
War nidderträchtig, schlecht un schäwig –
Mer Mannskerl sin blamiert uf ewig,
Dann meer sin schuld, nix sprecht uns frei
Vun seller Hexebrennerei. – –

Drum sin's for uns jetz Ehresache
Das Unrecht widder gut zu mache.
Un was ich als e rechter Mann
For *mei Deel*[3] gut zu mache han,

[1] tun mir's [2] bräteln [3] Teil

Des werd bußfertig ausgefihrt,
Wie sich's for mich als Chrischt gebihrt.

Un drum han ich mir vorgenumm:
Sobald ich bei die Mädcher kumm,
Dann dun ich se wie Engel ehre
Un drick se lieb un han se geere. –

So will ich bieße in Geduld
Mei ehrlich Deel an seller Schuld.

20

Die Entdeckung vun Amerika

Was sin die kleenschte Buwe heit
So pfiffig schun un so gescheit!
Die Kerlcher wisse heizuda
Jed Städtche in Amerika,
Wie hoch als jeder Berg dort is
Un alle Staate, alle Fliß. –

Ganz annerscht war's im Alderdum:
Was ware do die Leit so dumm!
Do hätt kee eener Mensch gemeent,
Daß es e Erddeel[1] gewe kennt,
Der wo ganz uf de anner Seit
Vun unserem Erdklotz driwe lei't. –
Nor hinne im Staat Portegal
Hat sich e Mannskerl ufgehall,
Der hat, wann ich noch richtig weeß,
Kolumbus, meen ich als, geheeß.

[1] Erdteil

Der hat e Plan sich ausgeheckt,
Wie mer Amerika entdeckt:

Mer nemmt e Schiff un fahrt ins Meer
So ge'e Weschte ungefähr,
Dann kommt mer ame scheene Da'
Eniwwer uf Amerika.

Un werklich, verzeh Da' dennoo[1],
Do is er a schun fortgezo'
Un rudert stramm enaus ins Meer,
For daß er recht bald driwe wär. –

So is er lang erumgeschwumm,
Eriwer, niwer, grad un krumm,
Un hat's schun schiergar ufgesteckt,
Daß er Amerika entdeckt,
Un sei Matrose sin schun ball
Rebellisch worr un abgefall,

Un nor ee eenz'ger treier Mann
Is zum Kolumbus noch gestann.
Un seller Mann war jedenfalls
Gebertig aus der liewe Palz.

Das is kee Schwinnel, das is wohr,
Mer hat Beweise dodefor.
Dann wie das Schiff am nächschte Da'
Is ankomm in Amerika,

[1] vierzehn Tage nachher

Do holt de gut Kolumbus glei
Den brave, treie Pälzer bei
Un sa't: „Du bischt e braver Mann,
Wo mer mit Gold nit zahle kann,
Du derfscht der jetz e Gnad aushalle
No deim Vergniege un Gefalle."

De Pälzer denkt e Weilche lang,
Dann hat er dapper[1] angefang:
„Wann ich deheem bin in de Palz,
Do kocht mei Fraa nor Rindfleesch als
Un seitdem ich verheirat bin,
Han ich noch kee Gemis'[2] gesiehn;
Sie sa't als bloß: ‚Ich han kee Zeit
Zu koche wie die nowle Leit.'
Drum, Herr Kolumbus, wär mei Bitt:
Geb mer a Sack Grumbeere[3] mit,
Daß sich mei Karlin nit so plogt,
Wann se mer als mei Esse kocht,
Dann for e Grumbeer weech zu quelle,
Braucht mer se nor ufs Feier stelle."

Un de Kolumbus hat gesa't:
„'s is recht, jetz noch e zwetti Gnad!"

Do sa't de Pälzer: „Gut, es zwett,
Was ich noch arig geere hätt,
Das is e rechter großer Sack
Voll echtem Mexikoduwak,

[1] rasch (tapfer) [2] Gemüse [3] Kartoffeln (Grundbirne)

Dann driwe in de Palz, do han se
Kee eenzig Steckche for zu planze."

Un de Kolumbus sa't: „'s is recht,
Denn sollschde han, mei braver Knecht!"

Do hot de Pälzer scheen gedankt
Un heeflich an die Kapp gelangt,
Un vor e Johr erum gang war,
Do is er frehlich heemgefahr. –

Sei Karlin hat em glei vor Freed
E Brote in die Pann gele't
Un Rotkraut newe dran gestellt
Un so e Grumbeer weech gequellt.

Dann han se ferchterlich achielt[1]
Un arig glicklich sich gefiehlt.

Die Karlin sa't: „Guck, *das* Gemis',
Das freet mich, weil's so praktisch is.
Ei Dunnerkeidel nochemol!
Da planz ich glei de Garte voll." –

Un's war e Glick bei Fraa un Mann,
daß mer's nit scheener mole kann.
Doch no 'em Esse holt er glei
Sei Peifche un de Duwak bei
Un hat als Ringelcher geblos'
E ganzer Dezimeter groß. –

[1] gegessen

In uns'rer Palz kommt seit dem Johr
Die Grumbeer arig haifig vor:
In Schmalz geback mit so 're Kruscht,
Das is mei hechschti Freed un Luscht;
A mit 're gute Rahmsooß dran
Eß ich mer als e Pänzche an;
Doch rohe Grumbeerknepp, wann's gebbt,
Dann werd gegawwelt un geschöppt,
Daß ich als nimmi laafe kann,
Weil ich so arig Bauchweh han.

Un no' em Esse kommt mei Klowe;
Do hock ich freelich hinnerm Owe
Un blos' de Duwak in die Luft
Un free mich an dem gute Duft.

So macht's e jeder Pälzer Mann,
Wo Geld hat un sich's leischte kann.

21

De Baurekrieg

Meinem Freund Hermann Loew gewidmet

Die Jagd

’s is Summer. ’s Korn is zeitig.
So weit mer gucke kann,
Do rauscht’s im Wind wie Welle
Weit anne dorchs Gewann.

Dief senke sich die Halme
Bis uf de Boddem fascht,
Sie packe schiergar nimmi
Die goldig Ährelascht. –

Do steht vorm scheenschte Acker
E jungfrisch Mäd un sa’t:
„Nee, was e Sege dies Johr,
Es is e wohrer Staat!

Die nächscht Woch kammer ernte,
Not[1] werd gedrosch un not –
Not heirat ich mei Heiner.“
So sa’t se un werd rot.

Un in Gedanke geht se
De Acker runderum,

[1] Nachher

Lacht selig vor sich anne
So ganz voll Glick un stumm.

Do – horch emol! – Was is das?
Do sprengt im volle Saus
E Jagd de Hang erunner
Quer iwers Feld enaus.

Un vorre vor dem Jagdvolk,
Ganz nah' schun, sieht se jetzt
E Hersch do anne springe
Bis uf de Dot gehetzt.

Doch da! Jetzt brecht er zamme
Un hat sich hingele't
Grad mitte in dem Acker,
Wo das jung Mädche steht.

Hui! stermt ach schun de Junker
Im Saus ins Korn enin
Un hinnerm no' sei Troßknecht,
Nix wie die Jagd im Sinn.

Die Furcht, de Gottessege,
Werd in de Staab getret,
Daß glei im ganze Acker
Kaum noch e Hälmche steht.

Das Mädchen sieht's un zittert –
Do lei't jetz all ehr Glick!
Heeß komme ehr die Träne,
Es halt se nit zurick. –

De Junker sieht se heile:
„Geh, Dirne, schau doch her!
Dein Korn ist ja gedroschen,
Was willst du denn noch mehr!?“

Do färbe sich dem Mädche
Die Backe rot vor Wut,
Es schwimmt em vor de Aa'e,
Es weeß nit, was es dut;

Mit alle Kräfte schla't se
Dem Junker ins Gesicht:
„Da haschde se, mei Antwort,
Du wieschterlicher[1] Wicht!“ –

Still werd's im Krees[2]. – Die Reiter
Stehn wie vum Blitz getroff,
Kee Jagdgekrisch, kee Rufe,
Do sa't de Junker schroff:

„Ei, Dirne, du hast Feuer!
Ihr Knechte, packt sie an,
Daß ich im Schlosse droben
Mich dran ergötzen kann!“ –

Frech lache do die Jagdknecht,
Laut kreischt das Mädche uf.
Es wehrt sich; doch sie schleppen's
Ufs Grafeschloß enuf. –

[1] wüst [2] Kreis

Dort sin se jetzt; de Jagdzug
Ziecht in dorchs weite Dor. –
Loß jedi Hoffnung fahre!
's is aus! Du bischt verlor.

Am nächschte Da'

Es war am frihe Morje;
Im erschte Sunneschein
Glänzt iwers Land eriwer
Wie lauter Gold de Rhein.

Vun alle Hecke preise
Die Vegelcher vor Freed,
Als gäb's nor Glick uf Erde
Un nix wie Seligkeet. – –

Doch guck! Do kommt e Mädche
So traurig vun der Borg,
Halt sich die Händ vors Köppche,
Un Träne tropse dorch.

Es greint; un abwärts geht se,
Weeß nit, wo's anne will. – –
Im Dal, do lei't e Weiher,
Der is so dunkel – still.

Weiß blihn die Wasserrose,
Stumm stehn die Weide all,
Es is kee Laut zu heere
Als nor die Nachtigall. –

„Nachtigall, ich hör' dich singen,
's Herz im Leib möcht mir zerspringen,
Komme du und sag' mir wohl,
Wie ich mich verhalten soll!
Nachtigall, wo ist gut wohnen?
Bei der Linde, bei der Dohnen,
Bei der schön' Frau Nachtigall.
Grüß mein Schatz viel tausendmal[1]."

Im Kerchhof blihn die Linde,
Blihn ame frische Grab –
Die Nachtigall pfeift traurig
Ehr Lieder aus em Laab. – –

Die Verschweerung

's ist Nacht. Im Hais'che an de Etterbach,
Do is noch Licht, wer is dann do noch *wach?*
Ernscht steht dodrin beim matte Licht
E Handvoll Bauersleit – hoch ufgericht. –
E langer Bart fallt weiß wie Schnee dem eene
Erunner uf die Bruscht in breete Strähne
Un wie e Held aus alte, alte Da'e
So steht er do – wild glänzen em die Aa'e,
E mächtigi Gestalt, hoch, kerzegrad –
Er gebt de annere die Hand un sa't:

„So is es ausgemacht, so fihre mer's enaus,
Glei morje frih geht's los. Do vor dem Haus

[1] Pfälzisches Volkslied

Do sammle sich die Baure, Mann for Mann,
's zieht alles mit, wo Waffe trage kann.

Die Herre han ehr Moß jetzt voll! Mer Baure
Sin doch kee Hund. So kann's nit länger daure.
Un vun eich all hat jeder an die Herre
E Rechnung, wo mit Blut bezahlt muß werre.

Un ich han Rach zu nemme for mei eenzig Kinn
Un – *Heiner* – Du sollscht unser Führer sin!
Sie war dei Braut! Es is dei Schulligkeet,
Wann's uf die Junker un die Herre geht. –

Un ich im weiße Bart un weiße Hoor,
Ich tra' de Baure 's Siegeszeeche vor.
Un wann uns Dot un Schlachtewetter droht,
Ich tra' de Bundschuh trei bis in de Dot." –

Do drickt de Heiner fescht die Hand dem Alte
Un sa't: „Jo, Vadder, ich dun zu eich halte
Un in die Hand versprech ich der's enin,
Ich *will* de Fihrer vun de Baure sin,
Ich *will* se fihre mutig, recht un gut,
Bis ich gerächt mich han im Herreblut.

De Junker fallt vun meine ei'ne[1] Händ,
Der Hund, wo mer mei arme Schatz geschännt;
Sei Schloß muß falle, leichte weit ins Lann!
Frei will ich sin! – Frei is de Bauerschmann!"

[1] eignen

Ufruhr

Drowwe aus de hohe Fenschter
Guckt de Junker iwers Lann;
Freindlich wie e weiter Garte
Lei't do unne sei Gewann.

Goldig schimmert Korn un Wääze,
Prächtig stehn die Wingert do
Un die Sunn scheint owe driwer
Un die Vegel pfeife froh.

Als wie weiße Bännel ziehe
Sich die Stroße längs 'em Feld
Un e wohrer Gottesfriede
Leit' rings uf der weite Welt.
Horch! – Do zuckt de Junker zamme.
Was war das dann for e Ton?!
Das klingt jo wie Schlachtelieder,
Nit wie frommi Prozession.

Un de Junker späht un lauschtert.
Jedi Farb hat er verlor,
Dann vun unne dausendstimmig
Stei't eruf e wilder Chor:

„Not! – Not! Nix als wie bittri Not
Vun Kindheet uf bis an de Dot!
Das, Baurevolk, das is dei Los,
Kee Freed im Lewe, Sorje bloß
Un schaffe, nix wie schaffe
For Herre un for Paffe!

Wann Gott sei Sege in die Welt
Hat ausgedeelt uf Wies' un Feld,
Was batt's?! De Bauer, der leid't Not
Un Angscht un Sorg ums däglich Brot,
Er muß nor zammeraffe
For Herre un for Paffe.

O Baurevolk, wann werschde wach?
Steh uf, steh for dei heilig Sach!
Vor Gott sin alle Mensche gleich,
De Bauer gelt im Himmelreich
Soviel als wie die Laffe,
Die Herre un die Paffe.

O Baurevolk, 's is Zeit, 's is Zeit!
Die Freiheet ruft zum Streit, zum Streit,
Dann liewer *dot* als wie e *Knecht*,
Mer wolle nix als unser Recht,
Das dumer[1] uns verschaffe
Trotz Herre und trotz Paffe.

De Bundschuh winkt! Es Baureheer
Schwellt an als wie de Sand am Meer;
De Herrgott selber steht uns bei,
Frei is de Bauer, stark un frei!
Druflos jetz mit de Waffe
Uf Herre un uf Paffe! – –"

Bleech am Fenschter steht de Junker,
Wie e Doter seht er aus,

[1] tun wir

Un mit stiere Aa'e guckt er
Ängstlich iwers Feld enaus:

Dann do driwwe an dem Waldrand
Schlingt sich's wie e langi Schlang
Gradewegs zum Schloß eriwer
Schwarz un grußlich – endlos lang.

Wie das flimmert, wie das schimmert,
Glänzt un glitzert in de Sunn!
Das sin Speer und Spieß un Kolwe,
Sense, senkrecht ufgebunn.

Morjestern un Hellebarde
– E gewaltig Waffenmeer –
Un mit große, feschte Schritte
Geht de *Heiner* vorreher.

Newer em im Bart, im weiße,
Un in lange, weiße Hoor
Tra't e ernschter Mann, e alter,
Groß und stark de Bundschuh vor. –

Un noch immer steht de Junker
Dort am Fenschter, bleech un still.
Ha! – Jetz werd's em klor uf eemol,
Was de Baurehaufe will.

Un er springt de Hof enunner:
„He, ihr Mannen an die Wehr!
Wild wälzt sich ein Bauernhaufen
Feindlich an die Burg daher!" –

Do gebt's Lewe uf em Schloßhof,
Alles springt un laaft un rennt,
Jeder stellt sich uf sei Poschte
Mit de Waffe in de Händ. – – –

Ingeschloß vun alle Seite
Lei't die Borg. – Wie Blut so rot
Sinkt die Sunn. – – –
Die anner Stunn
Gebt's zu dun, Gevatter Dod!

De Storm ufs Schloß

De Storm is los. –
Wild dränge die Baure
Mit Mannesmut
An die mächtige Maure,
Die Lanze sause mit scharfem Gezisch,
Krach! Dunnre die Kolwe ans Dor;
Un Rufe un Johle un Schlachtegekrisch!
Un hoch winkt de Bundschuh vor.

Vun alle Seite
Sterme se rings,
Vun vorre, vun hinne,
Vun rechts un vun links;
Die lange Leetre le'e se an,

Wie Katze krawwle se Sproß for Sproß.
„Hei! Vorwärts, ehr Baure, druf un dran,
Heit muß es noch falle, 'es Grafeschloß!"

„Die Brandfackel her!
Ich schmeiß se ufs Dach!
's muß brenne un flackre
Mit Praßle un Krach!"

Hui! Wie die Flamm am Dachstuhl leckt!
„Ehr Baure doher! De Ingang is frei,
Dot lei'e die Knecht am Boddem gestreckt,
Die Borg geheert unser; ehr Baure ebei!"

De Heiner ruft's.
Mit 'me mächtige Stoß
Sprengt er es Dor.
Die Angel reißt los
Un witig, schwer sei Schwert in de Hand,
So steht er im Schloßhof voll Ruß un voll Blut
Un ower em brennt's un prasselt de Brand,
Sei Aa'e leichte vor Schlachtewut.
Un hinner em no',
Do sterme kihn
Die Baure de weite
Schloßhof enin – –
Do schmeißt sich dapper mit seine Knecht
De Junker entge'e un drängt se ans Dor;

„Halt!" kreischt de Heiner, „jetz steh un fecht
Un denk ans Sterwe, jetz bisch de verlor!"

Doch horch, do schallt
Vun de annere Seit
E laut Gekrisch
Un e hitziger Streit,
Un mitte im Hof steht im weiße Hoor
De Bundschuhträger mit blutigem Speer;

De Junker sieht's, da gebt er's verlor
Un flicht in de Torm un verrammelt die Deer.

De Bundschuhträger
Mit Riesekraft,
Der sprengt die Deer
Mit 'em Fahneschaft.
„He, Junker, geb's uf un geb dich gefang!"
Doch nerjends kee Junker; kee Laut un kee Wort;
Er sucht in de Stubb, im Saal un im Gang,
In Keller un Kammer – de Junker is fort. –

Horch, tormhoch schla'e
Die Feierflamme
Mit Knattre un Prass'le
Am Himmel zamme;
Grell schimmert's enaus ins weite Dal,
Grell schimmert's weit in die Berg enuf:
Jetzt weh eich, ehr Herre, das is 'es Signal,
Ehr Schlösser, weh! Alle Dörfer stehn uff!

Am annre Morje

Am annre Morje sammle
Die Baure sich im Hof;
Do lei't manch armer Deiwel
Bis uf de Dod getroff.

Un manchi Kapp is blutig
Un mancher Wammes rot
Un mancher stehnt vor Schmerze
Un wart nor uf de Dod.

Do heult so mancher Vadder,
So mancher Bruder aa,
Do muß manch Braitche traure
Un manchi Bauersfraa. –

Was batt's, viel dran zu denke?
Es trefft, wen's treffe soll.
Die Freiheet will 's nit annerscht,
So is es halt emol. –

De Junker im Kloschterschutz

„Es ist also doch so! – Vun Loscht[1] der Jerg
Is grad erufkumm uf de Berg
Un hat gesa't, 's wär ganz gewiß,
Daß es in Werklichkeet so is,

Er könnt's uf sei Gewisse sa'e,
Er hätt' en gesiehn mit ei'ene[2] Aa'e
Er hätt' de Junker selwer gesiehn
Bei Zeeskäm[3] im Kloschter Haimbach drin;
Sie hätten em Schutz versproch, die Brieder."

„Was, is das wohr? Die Johanniter?!" –

„Die Herre un Paffe helfe sich halt!" –
„Sa', weeß es de Heiner? Weeß es de Alt?"

Do kommt de Heiner mit lange Schritt,
Die Baure sin still; er geht in die Mitt:

[1] Lustadt [2] eignen [3] Zeiskam

„Ehr Bauersleit! Ehr wissen, wie's steht,
Un wissen a, wo's jetzt anne geht;
Jetz weh eich, ehr Klöschter; jetz weh eich, ehr Paffe!
De Bauer weeß sich sei Recht zu verschaffe!"

Krieg

Un die Baurehaufe ricke
Glei am annre Da' uf Haimbach
Un verlang fescht un trotzig
Iwergab uf Gnad un Ungnad.
Doch de Prior un die Brieder,
Die verstehn sich uf die Waffe
Un es setzt e blutig Fechte. –

Awer owends glänzt am Himmel
Rot wie Blut e greller Schimmer –
Kloschter Haimbach lei't in Trimmer! –

Un de Heiner un sei Baure
Suche zwische Brand un Maure
Lang un gierig no' em Junker. –
Awer wie un wo se suche,
Er is fort! Is nit zu finne.
Wildi Wut packt do die Baure,
Weiter zieche se un brenne
Alles zamme ohne Rücksicht
Un kee wehrlos, friedlich Kloschter,
Wo nit raacht. – Stift Klingemünschter,
Hördt un Eußertal, die Limborg
Brenne se im Zorn, im blinde.

Un die arme Kloschterbrieder
Zieche draus erum als Bettler
Un doch bete se un bete
For ehr wilde Feind, die Baure,
Bete wie am Kreiz de Heiland:

„Gott im Himmel, sei de Baure
Gnädig, weil se doch nit wisse,
Was se dun! Erbarm dich um se!" –

Doch die Baure brenne weiter,
Brenne zamme Städt un Dörfer
Un 'es Land verkummt im Elend,
Uf 'em Feld verderbt 'es Futter
Un 'es Korn verfault im Acker. –

Un de Palzgraf packt de Jammer;
Bote schickt er bei die Baure
Inzustelle Brand un Morde,
Er wollt frei un ehrlich prüfe,
Was se auszusetze hätte. –

Doch de Heiner loßt em sa'e:
„Eher krie't 'es Land kee Friede,
Bis mei heil'ger Schwur erfüllt is,
Bis de Merder vun meim Mädche
Dot vun meine Hänn im Blut leit!"

Uf *die* Antwort zieht de Palzgraf
Mit de Landsknecht un mit Reiter
In de Krieg. – De Heiner awer
Sammelt schnell sei ganzi Mannschaft

In de Pedderschemer Maure
Un de Palzgraf un die Baure
Warte mutig, doch voll Sorje
Uf die Schlacht am ann're Morje.

Die Schlacht vun Pedderschem[1]

De Newel lei't dick un schwer im Dal
In weißliche Wolke. Kee Sunnestrahl
Fallt heit erunner uf Stadt un Feld
Un trib un traurig lei't die Welt,
Als dät se schun im voraus traure
Ums Schicksal, 's harte, vun de Baure.
In Schlachtereihe ufgestellt
Steht's Baureheer do draus im Feld;
Die lange Reihe sieht mer hinne
Fascht ohne Enn im Dunscht verschwinne;
Die Waffe sin blank un scharf un gut
Un groß un grimmig de Schlachtemut.

Aha, ehr Leit! Do klingt's im Newel
Wie Wafferaßle, wie Lanze un Säwel.
Jetz Obacht! 's geht los! Die Feind sin do!
Die Lanze gesenkt un die Schwerter gezo! –
– De Newel verreißt, e Sunnestrahl
Fallt grell erunner ins Wissetal[2].

„Sin das dort die Feind? Die Handvoll Reiter!?
De Sieg gehört unser! Ehr Baure, weiter!"

[1] Pfeddersheim [2] Wiesental

Un vorwärts sterme[1] se Mann for Mann,
De Bundschuhträger schwenkt hoch die Fahn,
Wild wehn im Wind sei weiße Hoor,
Stolz stermt er un stark zum Angriff vor.

„Halt, Vatter!“ kreischt de Heiner, „halt!
Er gehn in de Dod, ’s is e Hinnerhalt!“
Es batt nix. – Wie er a kreischt un wehrt,
’s is alles umsunscht. Er werd nit geheert;
Sei Stimm verliert sich im Johle un Krache,
Er kann se nit halte, ’s is nix meh zu mache.

Dann do un dort aus ’em Newelmeer
Daucht uf de Feind vun de Flanke her
Un stermt ebei mit Iwermacht
Un hart un hitzig dobt die Schlacht.
Eng schare sich um de Bundschuh die Baure
Un fechte wie Leewe[2] un stehn wie die Maure.
Do krache die Kolwe, do zische die Speer,
Do braust’s un do brillt’s wie Storm im Meer;
Die Baurehaufe fechte mit Macht,
Lang schwankt eriwer, eniwer die Schlacht;
Doch enger un enger schließt sich die Schling
Ums Baureheer wie e eiserner Ring.

Do brecht a noch vun hinne erin
Die Reiterei uf die Baure enin;
Do werre die Reihe zammegeriß
Als wie ’es Ohmet im Herbst uf der Wiß.

[1] stürmen [2] Löwen

Uf eemol! – De Bundschuh wankt, er fallt,
Zu Dod getroff brecht zamme de Alt.
Un dot noch halt er fescht in de Hänn
De Bundschuhfahne trei bis ans Enn.–

Do sieht's de Heiner. Do packt en die Wut,
Na vorre stermt er mit Schlachtemut –
Un mitte unner de Reiterschar,
Do werd er uf eemol de – *Junker* gewahr.

„Halt, Mörder!" kreischt er in schrecklicher Wut,
"Jetz steh un wehr dich, jetz koscht's dei Blut!"

Un gräßlich un grimmig fechte die zwee,
Wild baime die Gail sich un gehn in die Heh
Un Krach uf Krach un Stoß uf Stoß,
Hell hupse[1] die Funke vum Panzerhemd los.
Do packt de Heiner mit Riesekraft
Sei Schwert mit doppelte Hänn am Schaft,
E Schlag! – In Sticker verkracht die Kling.
Doch rot spritzt 'em Junker 'es Blut dorch die Ring.
Dot fallt er vum Sattel, sei Aa'elicht brecht. –
„Mein Schatz! ruft de Heiner, „du bist gerächt ...
Jetz geh ich froh in Dod un Verderwe,
Jetz will ich mit meine Baure sterwe." – –

Dann sammelt er dabber de Iwerrescht
Vun seine Leit fors letscht Gefecht,
Un vorwärts sterme in Dod un Schlacht
Die *letschte* Baure un singe mit Macht:

[1] hüpfen

„Not! – Not! Nix als wie bittri Not
Vun Kindheet uf bis an de Dod!
Das, Baurevolk, das *bleibt* dei Los,
Kee Freed im Lewe, Sorje bloß
Un schaffe, nix wie schaffe

For Herre un for Paffe!
Ehr Baure, vorwärts in de Dod!
Wer dot is, weeß nix meh vun Not,
Wer dot is, der is ewig frei
Vun Knechtschaft, Not un Frohnerei,
Drum mit de *letschte* Waffe
Uf Herre un uf Paffe!" – –

Un enger schließt sich de Ring um die Baure
Un schlingt sich als enger. – Wie lang soll's
noch daure?
So viel schun, so viel sin bleech und blaß
Un bludige Blume blihn im Gras. – –

Un wie die Sunn sinkt ins Owendrot[1],
Do sin all die Baure *frei* – un dot.

[1] Abendrot

22

Die Gräfin Eva vun Neileininge[1]

Ach Gott! Was werd mer's doch im Sinn
So leicht, wann ich im Wald als bin!
's is fascht so scheen dort wie deheem,
Die Vegel kreische vun de Bääm,
Die Micke hört mer luschtig sumse
Un Krotte in die Pitsche[2] plumpse
Un prächtig schlängelt sich de Weg
Eriwer, niwer, grad un schräg.
Un frehlich wanner ich do anne
Dorch Eeche, Buche und dorch Danne. –
De Wald heert uf; mer sieht schun dorch:
„Was is dann das dort for e Borg?"

Un in dem Aa'eblick geht grad
E Bauerschmann vorbei un sa't:

[1] Verfaßt für ein vaterländisches Schülerfest der „Realanstalt am Donnersberg" [2] Pfützen

„Das Schloß, wo Se do driwe siehn,
Is die Neileininger Ruin.“

„Aha“, sa’ ich, „ich dank a scheen,
Das Schloß is meiner Seel nit kleen,
Du liewer Gott, is das e Mauer!“

„Ei wiss’n Ehr was“, sa’t do de Bauer,
„Wann’s recht is, will ich Eich verzähle –
Das heeßt, wann Se kee Zeit verfehle –
Was vor vielhunnert Johr un Da
Sich in dem Schloß hat zugetra.“

„Jo“, sa’ ich, „’s intressiert mich arig“;
Dann ganz voll lauter Neigier war ich.

Dann fangt er an: „’s war Baurekrieg,
Die Baure gehn vun Sieg zu Sieg
Un ’s war kee Borg im ganze Lann,
Die wo se net erowert han.
Un iwerall uf alle Schlösser,
Do han se ausgepitscht die Fässer
Un in de Vorratsstubb un Kich
Han se achielt ganz ferchterlich,
Bis alles leer war, blank un blott
Un jeder satt als wie e Krott;
Dann stecke se ufs Dach vum Haus
De rote Gockel owe naus. –

So sin die Baure no’ un no’
Bis vor Neileininge gezo’
Un ’s war im Kriegsrot fescht beschloß:
Bis morje frih geht ’s Sterme los. –

’s is Morje worr. Die Bauersleit
Sin vorgerickt uf jeder Seit.
Die Mussik hat e Marsch gemacht,
Der hat geschebbert un gekracht,
Drei Trummle, zwee Trumbete aa
Un finf, sechs Ziechharmonika.
Un vorwärts sterze se, die Baure,
Wie’s Dunnerwetter an die Maure.

De Peter un de Philp vun Marem[1],
Die han e Wißbaam unnerm Arem,
Am dicke Enn[2] e Eiseklumpe,
For um ’es Dor eninzustumbe,
De Jockeljerg vun Mudderstadt,
Der hat e langi, spitzi Latt,
For um die Feind ewegzuspieße,
Wo owe vun de Mauer schieße.
De Ferdenand vun Bottebach
Der krawwelt schun enuf ufs Dach.
De Adam un de Schorsch vun Bellem[3]
De Michel un de Sepp vun Göllem[4],
Vun dene krawwelt aa schun jeder
Mit Hänn un Fiß uf seiner Leeder[5].

De Philp un Peter sterme los,
De Wißbaam schwenke se zum Stoß:
‚Nix wie dewedder! Nix wie druff!‘ –
– ‚Ei gu’ mol, ’s Dor is jo schun uf!‘ –

[1] Marnheim [2] Ende [3] Bellheim [4] Göllheim
[5] Leiter

Un iwer eemol aus 'em Dor,
Do kommt die Gräfin Eva vor
Un hat so halb un halb geschmunzelt
Un halb un halb die Stern gerunzelt
Un hat gesa't: ‚Gu'n Dag, Ehr Herre,
Ei, ich meen als, Ehr dun Eich erre,
Is das e Art, Besuch ze mache?
Geh, schämmen Eich, mer muß jo lache!
Mer kommt doch so nit zu de Leit,
Mer meent, Ehr wäre nit gescheit!
Doch – wann Ehr jetz scheen orndlich[1] sin,
Dann lad ich Eich zum Esse in.' –

Do han die Baure no' und no'
Die Mailer in die Läng gezo;
Die eene stehn wie angeworzelt,
Die ann're sin fascht umgeborzelt,
De Peter un de Philp sin ball
Mitsamt em Wißbaam umgefall.

Do sa't die Gräfin: ‚Hopp, ehr Leit,
Die Supp steht uf em Disch, 's is Zeit!' –

Do sin die Baure awer stracks
So zart un weech worr als wie Wachs
Un han die Kappe abgenomm
Un sin ganz brav dorchs Schloßdor komm
Ins Herrschaftshaus un in die Stubb
Un hocke sich glei an die Supp.

[1] ordentlich

's war Riwelsupp. Un owe rum
Sin Schnittlaachstickelcher geschwumm.
Das war e Leffle un Geschepp!
For jeden hat's *drei* Deller gebb. –

Kaum war die Supp eweg vum Disch,
Do kommt e Rieseplatt voll Fisch.

‚Halt!' kreischt de Schorsch vun Schifferstadt,
‚Ich krie' zu allererscht die Platt,
Ich siehn grad so e scheene Hecht,
Den wo ich geere esse mecht.'

De Eckmathees vun Theisbergste'e
Der tret em heemlich uf die Zehe:
„Geh", sa't er, ‚Schorsch, du sollsch dich schämme,
So derf mer sich doch net benemme!'

No finf Minutte ungefähr,
Do war die Fischplatt blott un leer,
Un guck, die Kichedeer geht uf:
E neii Platt mit Brote druf
Un Rotkraut noch dezu mit Keschte
Wie an de höchste Kerchefeschte.

Do sa't die Gräfin: ‚So, ihr Herre,
Die Platte misse leer geß werre,
Un holen Eich nor fescht eraus,
's leit noch genunk im Haawe[1] draus.'

[1] Hafen

Das hat de Baure Spaß gemacht,
Ganz laut han se enausgelacht.

Un wie uf eemol noch e Kischt
Vun feinem Wein werd ufgedischt,
– 's war Forschter Ausles', Kerchestick –
Du liewer Gott! War *das* e Glick!

Do kloppt de Franz vun Aldeglan[1]
Ans Weinglas un is ufgestann
Un fahrt sich zweemol dorch die Hoor
Un sa't: ‚Ehr Leit, ich sein defor,
Daß mer im ganze Pälzer Lann
Kee so e bravi Fraa meh han,
Als wie die Gräfin Eva do,
So dichtig, freindlich un so froh,
Ich sein defor, 'es Glas zu hewe:
Die Gräfin Eva, die soll lewe!'

Do han die Baure ‚Hoch!' gekrisch
Un ufgebollert uf de Disch
Un mit de Kapp erumgeschwenkt
Un alsfort widder ingeschenkt. –

So han se lang noch dogesess'
Un nix als wie getrunk un geß.

Erscht owends so am Uhre acht,
Do han sie endlich Schluß gemacht

[1] Altenglan

Un sin e halwi Stunn deno[1]
Im diefschte Friede abgezo." – –

Do hat de Bauer ufgeheert.
„Was?" sa' ich, „das is *hie* basseert,
Is die Geschicht a werklich wohr?"
„Jo", sa't er, „ich sein gut defor!"

Nor – wo die Wohrheet nit recht baßt,
Da han ich's annerscht abgefaßt."

[1] nachher

23

’s Liselottche

Mei Herz, du bollerscht[1] so, was werschde
Dann gar so wild, als wollscht de berschte
Vor lauter Glick? Gell, du muscht lache,
Weil ich jetzt will e Vers’che mache
Uf so e goldig Pälzer Mäd;
Gell, Herz, das macht der arig Freed? –

Ei jo! ’s is awer a e Staat
Was unser Palz for Mädcher hat!
Die Gretcher, Kattcher, Lis’cher, Bincher,
Die Lencher, Bettcher, Evcher, Stincher,
Wer do noch kalt bleibt, seller Mann,
Der muß kee Herz im Bussem han.

’s is wohr! mit so ’re Pälzer Fraa,
Do is mer glicklich sei Lebda’,

[1] polterst

Weil jedes echte Pälzer Mäd
De Haushalt tadellos versteht
Un weil es ehm, so oft's ehm schmackt,
Die Leibspeis kocht, brot oder backt,
Wann's sin muß, alle Da' Pastetcher;
Korzum, 's sin Perle, unser Mädcher.
Drum komme als aus *weite* Länner
In unser Palz die Weiwerkenner,
Aus Östreich, Frankreich, Rußland, Pole,
For in de Palz ihr Fraa ze hole. –

's is, wann ich recht weeß, ungefähr
So zwee e halb Johrhunnert her,
Do war im Heidelberger Schloß
E Mädche, hibsch als wie e Ros'
Un lieb un nett un froh un flink
Un luschtig wie e Dischtelfink,
E herzig bravi, liewi Krott!
Und das war Palzgrafs Liselott.
Un an sell Mäd hat sich e Ferscht
Aus Frankreich driwe angeperscht.

Doch 's Liselott hat glei gedenkt:
„Den nemm' ich nit. – Nit for geschenkt!"

Ehr Vadder awer hat gesa't:
„Der werd genomm! Dann unser Staat,
Der braucht e Heiratsbolidik,
Weeß Gott! Du machscht de Palz ehr Glick."

Do hat das Mädche sich bezwung
Un 's Opper for ehr Palz gebrung. –

Em Liselott hat's awer ball
In Frankreich gar nit recht gefall.
Weil dort die Mannsleit, Fraa un Kinn'
Ganz annerscht wie mer Pälzer sin
Un weil die Weibsleit dort ze Lann
Vun Pälzer Kich kee Ahnung han
Un niemand kann dort pälzisch schwätze
Un weeß die Pälzer Sprooch zu schätze. –

Do is des arem Liselott
Sich eensam vorkomm' un ganz blott
Un hat ganz schrecklich Heemweh kriet
Un war ganz traurig im Gemiet,
Un an ehr Schweschter un ehr Dante
Un an die annere Verwandte
Hat se lange Brief geschribb:

„O wär ich doch deheem geblibb
Un hätt e *Pälzer* Mann genomm,
Do wär ich nit ins Unglick komm!
Ach niemols werr ich glicklich hie!
Es war halt e Vernunftpartie!
Du liewer Gott! Was sehn ich mich
So oft no' unsrer Pälzer Kich,
Dann echte Pälzer Pannekuche,
Die muß mer umesunscht hie suche;
Ach! Un wie groß wär erscht mei Freed,
Wann's hie als Knackwerscht gewe dät
Un Lewerknepp[1] wie in de Palz,
Scheen knuschperig geback mit Schmalz!

[1] Leberknödel

O je, was han in Frankreich doch
Die Weibsleit for e wiescht Gekoch!
Nix als wie Gutsel un Geschleck,
Tee, Schokelad un Beeredreck[1]
Un lauter sieß un babbig Zeig,
Das rumeniert[2] ehm jo die Baich! –
Wann ich als an die Palz du' denke
Do muß ich als mei Köppche henke
Un muß als greine heeß un bitter:
O Palz, ich siehn dich nimmi widder!" –

So hat die arem Fraa noch viel,
Viel Brief geschribb vum selwe Stil.
Aus dene Brief, do werd's ehm klar,
Was das e lieb, brav Weibsbild war,
Grad so wie all die hibsche Kinn,
Wo aus de Palz gebertig sin. –

Drum macht die Pälzer Mädcherass'
Mer kolossal viel Freed un Spaß
Un 's dut meer leed, daß jeder Mann
Nor immer eeni nemme kann,
Dann 's wer doch werklich gar zu nett,
Wann ich so sechs bis siwwe hätt.

[1] Obstmus [2] ruiniert

24

Die Pälzer in Amerika

E Volk, das wo sich nit vermehrt,
Hat abgepiff un is nix wert.

Da lob' ich mir mei *Pälzer* Rass'.
Bei uns gebt's Kinn, e ganzi Mass'
Un alle zehe, zwanzig Johr
Kummt als e Iwervölkrung vor.

Un drum is als in alter Zeit
De Iwerschuß vun unsre Leit,
Fascht jedi Woch e großi Schar,
Fort uf Amerika gefahr',
For um dort pälzische Maniere,
Kuldur un Bilding inzufihre.
Mit so Artikel treiwe meer
E Mordsexport vun alters her.

Dann domols war Amerika
Kee so e Staat wie heitzuda:

Das Land war rauh un wiescht un roh,
Kee Stadt, kee eenzig Dorf war do,
Kee Schosseh un kee Stroß hat's gebb.
Nor Urwaldpäddcher krumm un schepp,
Stinkdiere, Schlange, Bäre, Panther
Un wieschte Riesesalamander,
Un dorch die viele Wasserpitsche[1]
Dun als die Krokodiler ritsche
Un dun ihr lange Zähn als fletsche
Un schrecklich mit der Kinnlad pletsche.

Korzum! Mit so 'me Land verglich,
Do is die Höll' e Summerfrisch.
Un doch: Echt Pälzer Baurekraft
Hat angepackt un hat's geschafft
Un hat den Saustall iwer Nacht
Schiergar zum Paradies gemacht. –

Do is geschufft worr un geradkert
Un Bääm gefällt un Land gezackert
Un daß de Boddem ebbes bringt,
Is fescht gemischt[2] worr un gedingt,
Un werklich! Ernte hat's do gebb,
Krumbeere, Korn un Werschingkepp,
So dick un rund un hoch un breet,
So war nix, seit die Welt besteht. –

Doch neidisch, rot und schlangekalt
Schleicht der Indianer dorch de Wald;

[1] Wasserpfütze [2] gemistet

Apache, Sioux un Schoschone
Un Irokese un Hurone,
Die krawwle mitte in der Nacht
Wie Rieseschlange leis un sacht
Uf Bauch un Bruscht, uf Händ un Knie
An selli pälzisch Kolonie.
Un quer im Maul, do han die Strolch
E blutverschmeerter, langer Dolch. – –

Doch dunkel, still un wie im Schlof
Lei't do der pälzisch Baurehof,
Kee Laut kummt her vun dere Seit.
O weh! Ehr Pälzer Bauerschleit! –
Un wupp! – un husch! – Schnell wie Gedanke
Sin die Indianer uf de Planke.
Der Haiptling wie e Tigerkatz,
Der macht e ferchterlicher Satz,
Un owe uf der Mischtkaut steht er,
E Fetzemannskerl vun zwee Meter. –

Die Pälzer awer, jung un alt,
Die lei'e schun im Hinterhalt.
Un – krach – im selbe Aageblick,
Do kriet de Haiptling eens ins Gnick,
Un zamme brecht er, stehnt und schnauft
Un ritscht ins Puhlloch un versauft.
Un uf die rote Beesewichter,
Do sterze jetzt die Blaßgesichter
Mit Metzelmesser in de Faischt,
Un alles stecht un boxt und kreischt,
Un Mann an Mann bei dunkler Nacht
Dobt grußlich die Indianerschlacht. –

Doch Rothait gege Pälzer Baure!
Do dun em die Indianer daure.
Un dessentwege han die Rote
Ehr Mackes[1] kriet no alle Note;
Was iwrig[2] war, hat heemlich sich
Still in sein Wigwam heemgeschlich. –

So han die Pälzer Kolonischte
E bitter Lewe misse frischte
Un han geschafft und han geschafft
Brav, fleißig un gewissenhaft.

Un wann der Staat Amerika
So groß un reich is heitzuda',
Wo bleibt der Dank for selle Zeite?!
Na jo! Mer Pälzer sin bescheide
Un meer verzichte werklich geere
Uf Orde, Dankbarkeet un Ehre,
Weil mer in unsrer Palz jo wisse,
Wie hoch mer selbscht uns schätze misse.

[1] Hiebe [2] übrig

25

De Hoddendoddekrieg

In Afrika gebt's Völkerstämm,
Die sin ganz schwarz und dauern em.
Wie 's liewe Vieh im Urzustand
So laafe die erum im Land,
Sin puddelnackig, blank und blott
Un glaawe an kee liewe Gott.

Nadeerlich han so Kerl keen Dunscht
Vun Wissenschaft, Kuldur un Kunscht,
Im Ge'edeel! Die Lumbeseckel,
Die krien e Zorn als wie die Göckel,
Wann als e kuldivierter Mann
Enunnerkummt ins Negerlann.
Den packe se, der werd gebrot,
Geräächert[1] oder bloogesott[2]. –

Do hätt ich jo nit viel dege'e
Un braicht mich a nit ufzure'e[3],

[1] geräuchert [2] blaugesotten [3] aufzuregen

Wammer nit als emol dät heere,
Daß se a Pälzer Leit verzehre;
Dann dene Lumbe, dene schlechte,
Schmackt Pälzer Fleesch am allerbeschte;
Dann unser Pälzer Menschefleesch
Kocht sich so angenehm un weech:
Das kommt, wan ich nit arig err[1],
Vum Wein un vun de Keschte[2] her.

Drum is for Pälzer Leit nadeerlich
E Rees in Afrika gefährlich,
Dann vor mer sich nor wehre kann,
Do leit mer a schun in der Pann
Un werd gebrot vun Negermädcher
In Essigsauce mit Lorbeerblädcher,
Mit Zellerie un Laach un Zwiwwele,
Dann dun se Peffer an ehm riwwele[3],
Un wammer weech is un scheen merb[4],
Dann fressen se wie an der Kerb[5].
Ei, so e Neger wär jo bleed,
Wann er sich das nit gunne dät. –

Do letscht, do han's die Neger awer
Mit ehrem Menschefleeschgeknawwer
So wieschterlich getribb un schlecht,
Daß mer's fascht gar nit glaawe mecht:

Do han se alle verzeh Da'
E Pälzer in die Pann geschla'

[1] irre [2] Kastanien [3] reiben [4] mürbe [5] Kirchweih

Un han ene in aller Ruh
Gefress' mit Lewerknepp dezu. –

Wie das de Kaiser hat geheert,
Do hat er halt de Krieg erklärt;
Das loßt sich *der* doch nit gefalle
Vun dene schlechte Kannibale,
Daß die mit Haut un Hoor un Knoche
Sei treischte Unnerdane koche. –

Glei is e Haufe Pälzer do
Freiwillig in de Krieg gezo',
Un eh e Woch vorbei gang war,
Do simmer a schun fortgefahr
Un sin ball munner un gesund
Ans Land gestie' in Schwakopmund.
Dort simmer glei enaus ins Feld
Un han das Mohrepack gestellt.

Doch die han nit lang Stann gehall
Un sin glei dorch beim erschde Knall
Un heile laut un kreische als:
„Die Pälzer hocke uns am Hals!"

Un weiter sause se un renne,
Waas nor die Been han leischte kenne
Un laafe in die Kalahari,
Das is e Wiescht, e schauderbari,
Mit lauter derre Kaktushecke,
Un 's is e Hitz drin zum Verrecke
Un gar kee Wasser drin, kee bißche,
Kee Bach, kee Fluß, kee Neweflißche,

Un alle zwee, drei Woche nor
Kommt als emol e Wertshaus vor.

Do anne sin die Hoddendodde
Un all die ann're schwarze Rotte
Un meene, dovun wär kee Red –
Daß do e Pälzer komme dät.

Mer wißt jo, daß 's deitsche Heer
For doher viel zu dorschtig wär. –

Doch do han se sich bees geschnerrt,
Das war e Rechnung ohne Wert[1];
Dann so e echti Pälzer Rass',
Ei, dere macht de Dorscht jo Spaß,
Weil 's Saufe ehm viel ärjer freet,
Je greeßer als die Dorschtigkeet.

Drum sin die Pälzer frisch und froh
Stramm in die Wiescht enausgezo'
Und han die Wilde fortgeschäächt[2]
Un sin fescht hinne no' gefegt.

Un 's dauert e paar Woche lang,
Do war de Haiptling schun gefang;

De Krieg war aus. Un glei denoo',
Do simmer widder heemgezo'. –

[1] Wirt [2] fortgescheucht

Vum Negerkochbuch is dies Johr
Er dritte Uflag ausgebb worr;
's is fascht dieselb als wie die zwett,
Wann se nit ee Verännrung hätt:

's steht nämlich nix meh devun drin,
daß Pälzer Mensche freßbar sin.

26

„Der Untergang des Abendlandes" un die Palz

Letscht[1] han ich zu meim Namensda'
Zwee Biecher kriet vun meiner Fraa.
Es war so ebbes ganz Bekanntes:
„Der Untergang des Abendlandes".
Erscht hat's mich ferschterlich gekreppt[2],
Daß mir mei Fraa so Schnookes[3] gebbt,
Dann heemlich hatt' ich als gedenkt,
Ich krät[4] e Fäßche Wein geschenkt.
Doch wie ich's anfang zu studiere,
Dut's mich doch arig intressiere.
Der Mann der schreibt: „'es Owendlann
Is alt un morsch un abgestann,
Die Wissenschaft wär lahm und schwach
Un krät ball rutzebutz die Krach.

[1] letzthin [2] gekränkt [3] dummes Zeug [4] würde kriegen

Kuldur un Kunscht wär faul wie Zunner[1],
Mer ginge bees die Bach enunner."

In hunnert Johr, do wär's soweit,
Do wäre mer „Fellache"-Leit,
Das heeßt uf pälzisch „Lumpechores",
Wo gar kee Zucht hat un kee Mores. – –

Au weh! Ich glaab, der Mann hat recht,
Die Welt is miserawel schlecht
Un ritscht un ritscht von Stund zu Stund,
Un endlich is se uf em Hund.

Mer braucht bloß uf e Danzball kumme,
Was das for Bosse[2] sin vor dumme:
E Schiewe un Gewackel han se,
Mer meent e Gääs[3] wollt Bolka danze.

Is das Kuldur? Is das noch scheen,
Das dumm Geloddel mit de Been?!

Beileiwe nee! Es is e Schann,
Daß das sich bei uns halle[4] kann.

Un dann die Kintschtler! – Was die mole,
Das soll doch glei de Deiwel hole!
E wiescht Gesuddel un Gedrecks
Un nix wie grelle Farweklex. – –

[1] Zunder [2] Possen, Unsinn [3] Geiß [4] halten

Un erscht die Mussik, wo se mache!
Na jo, die schebbert un dut krache,
’s is awer doch e schrecklich Zeig,
Wann ich ’s mit friher als vergleich.

Was war das noch e scheeni Sach
Vor Johre als in Mackebach:
Die Mussik, die war boddemstännig
Un packt em an dief innewennig,
De Brummbaß un die C-Trumbet
Han sich so zart ins Ohr gele’t
Un wann se nor han angefang,
Das is em noogang[1] johrelang. –

Ja, ja! Eiropa macht retour
In alle Sorte vun Kuldur.
Do leicht’ kee Stern, kee Hoffnung schimmert
Un traurig bin ich un bekimmert
Un denk in meiner Angscht un Not:
Am beschte is, ich schieß mich dot.

Uf eemol awer fallt mers in,
Daß ich jo doch e *Pälzer* bin,
Un luschtig bin ich glei un munner:
Nee, nee! Mer Pälzer gehn nit unner,
Un die Kuldur im Pälzer Land,
Die is noch tadellos im Stand
Un steit sogar noch Johr um Johr
Un drickt sich alsfort weiter vor.

[1] nachgegangen

Mer Pälzer sin halt so e Rass',
Do laaft die Bilding frisch vum Faß
Un werd emol das Fäßche leer,
Dann geht de liewe Gott halt her
Un butzt's un fillt's mit neiem Stoff
Und dann werd's widder leer gesoff.

Dann unser Volk, das hat er geere.
Warum? Weil mer sei Weltachs schmeere
Un dun sei zeh Gebote halle
Un sin die brävschte Leit vun alle.

O Owendland, o Owendland!
Du gehscht kaputt mit Schimp un Schand
Besinn dich! 's is vielleicht noch Zeit,
Betracht die Palz, die Pälzer Leit:
Dann meer stehn stolz vun alters her
Als Tugendfels im Laschtermeer.

Do hall' dich dran in Not un Qual!
Doch wie du willscht! – Mir is egal!
'es Owendland kann unnergehn –
Mei Pälzer Land, das bleibt bestehn!

27

Anno 1950
(e Noochwort)

Die Welt is aus em Leim gerot'.
Nix als wie Krieg un Krach un Not,
Mord, Dotschlag, Schieberei un Bluff –
Fascht heert die Weltgeschicht sich uf.

Die Hauptsach awer is halt doch:
Mer sind gesund un lewen noch.

Zwee Weltkrieg hammer iwerstann;
Gewiß! Mer han uns manchi Pann
Un manche Macke zugezo',
Han Bause abkriet grien un bloo
Un stecken im Schlamassel drin
Bis an de Krutze un ans Kinn. –

Bloß ebbes hammer nit verlor:
De Mut zum Lewe, zum Humor.
Mer Pälzer sin kee Leit vun dene,
Die wo bloß jammere un flenne,
Nee, nee! Mer spauzen in die Händ
Un schaffen, bis die Not sich wend',
Bis unser liewi, liewi Palz
Im Hochglanz strahlt wie friher als.

Die Weltachs werd frisch ufpoliert,
Gebutzt, geschmeert un neu montiert,

Korz, alles stelle mer ins Lot,
Was aus de Fuge is gerot'. –

Ich mach mer allerdings nix vor:
Das dauert wahrscheins fufzeh Johr
Un ich bin schun e alter Knopp
Mit schiergar kemmeh Hoor am Kopp,
So daß ich fascht kee Hoffnung han,
Daß ich das noch erlewe kann. –

Doch wann's der Herrgott mir vergunnt
Un loßt mich noch so lang gesund,
Dann hup's ich nochemol zum Schluß
Hoch uf mein Pälzer Pegasus
Un mach mei allerletscht Gedicht*
For in mei „pälzisch Weltgeschicht."

* Leider sollte Paul Münch das „allerletscht" Gedicht nicht mehr schreiben. Ein Jahr später deckte den Pfälzer Dichter bereits der kühle Rasen.

Inhaltsverzeichnis